박물관에서 신라사를 생각하다

금요일엔
역사책
7

박물관에서
신라사를 생각하다

옥재원 지음

한국역사연구회
역사선

푸른역사

'한국역사연구회'의 기회로 글을 열어,
'푸른역사'의 정성으로 책을 이룬다.
그와 여러 스승과 동료들에게,
박물관과 더불어 신라의 역사를
줄곧 생각하고 즐겨 공부하며 쓴
여기까지 데려와 주어서 진심으로 감사하다.

O

으
뜸
홀
에
서

으뜸홀은 국립중앙박물관 상설 전시관을 방문하는 관람객들이 각자 숨을 고르며 입장을 준비하거나, 일행과 한데 모여 감상 계획을 공유하는 열린 무대이다. 관람객들 옆에 가만히 서 있으면 함께 설렌다. 분명 기막힌 서사와 의미가 그들에 의해 구성될 것이기 때문이다. 으뜸홀에 처음 이른 시기는 2005년, 박물관이 종로의 경복궁 경내를 떠나 용산의 새 부지로 옮겨오던 도중이었다.

2005년 여름, 석사 과정에 있던 그때, 꽤 미숙했지만 당시까지 공부한 이야기들로 박물관을 찾아오는 사람들, 콕 집어서 어린이들의 박물관 경험에 도움을 주고 싶었다. 어린이박물관 자원봉사를 지원한 이유이다. 때마침 박물관의 이전 개관에 맞춰 어린이박물관에서는 새로운 교육 프로그램을 기획하고 있었다. 우연히 기회를 얻어 교육 강사로 활동하게 되었다.

그 후 오랜 시간 교수자로서 어린이 학습자들을 대하며 서서히, 서툴게 계획했던 일방향의 도움을 지우고 양방향의 상호신뢰와 공감을 배워갔다. 어린이들 앞에서 단어를 실수하거나 잘못된 태도를 보이지 않도록 애쓰면서, 말과 마음을 자꾸 가다듬었다. 이 때문에 삶에 더 엄격해지고 관계에서 보다 조심스러워졌지만, 어린이 학습자를 더 잘 이해하게 되고 그들에게 정직할 수 있었다. 단련하는 과정 속에서, 어린이들이 역사적 사실을 하나하나 암기하는 데에는 무척이나 힘쓰면서도 역사를 폭넓게 사고하는 데에는 꽤 둔감함을 발견하게 되었다.

어른들도 마찬가지였다. 예전에 역사를 외우며 자란 관람객들을 만나서 감상을 나눴다. 대부분 자신의 관점을 갖추는 데 서툴렀고 자신 있게 쏟아내는 이야기들도 교과서 안의 사건들, 남의 주장에 기댄 판단들이 많았다.

이에 혼자 하고 싶은 연구를 조금 줄이면서 어울려 생각하는 교육에 더욱 많은 신경을 쓰기 시작했다. 고대사를 살피고 사회의 역사를 익히면서도 사람의 역사에 관심을 쏟고, 연구실에서 머물며 쓰는 일보다 박물관에서 지내며 전하는 일에 훨씬 집중했다. 이렇게 다져온 태도로 박물관의 신라실을 보려고 했다. 그나마 신라실 속 역사적 사실에 약간 밝기도 했고, 관람객들에게 전할 수 있는 화제를 잡아 서사를 말하기가 편안한 곳이었기 때문이다.

관람객들과 서로 믿고 공감해야 하는 박물관의 교육 담당 연구

뢰와 공감의 균형을 어그러뜨릴까봐 두려움이 크다. 그래서 스스로를 관람하는 사람이라 여기며 전시실을 다니고 전시품을 감상한다. 이 책은 그렇게 관람객의 입장에서 본 박물관 속의 신라 이야기이다.

2023년 가을
신라실을 다녀오며

01
신라실 속의 신라사

신라실에 이르다

신라실은 상설 전시관 1층 복도를 걷다가 '경천사지 10층 석탑'을 앞에 두고 오른쪽으로 돌면 보이는 입구 안에 있다. 업무차 박물관 신라실로 갈 일이 있으면 빠르고 쉬운 이 길을 택한다. 감상이나 공부를 목적으로 신라실에 가게 될 때는 경로를 바꾸기도 한다. 나름의 까닭이 있어서이다.

　박물관의 동선을 따라 걷는다. 이 선은 전시기획자가 의도적으로 설계한 가상의 경로이다. 기획자는 전시품을 배치하는 순서로 의도를 표현한다. 대개 역사적 시간, 문화적 주제를 축으로 동선을 만든다. 박물관의 무게감과 관람의 피로감에 항복한 관람객과 자신의 감각을 우선해 새 길을 만드는 관람객을 제외하면, 대다수는 이 경로를 신뢰하며 걷는 편이다. 자주, 역사적 시간을 준수하며 신라실까지 걸었다. 예전부터 이 경로를 반복적으로 지나며 서사 하나를 엮어가고 있던 터였다.

신라실은 선사·고대관에 수납되어 있다. 역사적 시간을 의식하면서 첫 공간 구석기실에서 출발하여 신라실로 이어지는 긴 길을 걸어간다. 구석기실을 지나 신석기실, 청동기·고조선실을 거치며 선사의 시간을 겪고 부여·삼한실, 고구려실, 백제실, 가야실로 역사의 시간을 거닐다보니 신라실이다.

이 경로를 따라가다 보면 사람이 역사를 감당하며 선택한 재료들과 그 사용이 꽤 인상적으로 눈에 들어온다. 나무와 돌을 쥔 사람의 손에 동·철·금·은이 덧붙는 과정을 연이어 보며 탐구의 영감을 늘인다. 여기에 있는 그대로를 두드리고 깎아 만드는 당대 최고·최신의 기술력이 녹이고 변형하는 첨단의 기술력으로 전화하는 양상이 여정 전체의 감흥을 돋운다.

역사의 시간을 따라 사람이 구사하는 기술의 기초 재료로 나무와 돌에 금속이 추가되었다. 이러한 변화 위에서 화학적으로 변형이 용이한 질료의 종류도 풍성해졌다. 그 결과 사람의 상상력과 그 삶의 경계는 엄청나게 확장되었다.

재료와 질료의 종류가 늘어남에 따라 사람이 자신의 인력과 사물의 동력을 써서 달성한 성과들은 이전보다 훨씬 많아졌다. 성취 직전까지의 한계를 알고 그 너머를 바라보려 했던 그들의 마음가짐을 떠올려보았다. 역사 속 사람의 심리적 욕망 혹은 의지를 생각하면서, 전시실마다 진영을 이루고 있는 전시품들을 한 줄 실에 꿰어 과거의 실

[그림 1] 국립중앙박물관 상설 전시관 '역사의 길'
시간의 길을 따라 걸으며, 사람들의 시일을 돌려 본다.
박물관의 전시품은 사회가 이 잣대로 가늠한 현재의 유산이기 이전에
사람이 저 삶으로 일으킨 과거의 자산이다.
ⓒ 옥재원

재까지 상상해본다.

선사·고대관의 전시품들로 잇는 이 서사는 제법 탄탄하다. 작은 무리 안에서 사회적 삶을 시작한 사람은 여러 사람과 어울리며 마을을 짓고 그 울타리 너머를 범하다가 마침내 나라를 이뤘다. 나라의 등장과 성장 이래 사회발전 단계상의 현재와 직결되는 역사적 상황의 전개, 이러한 서사의 주요 지점에 신라를 보여주는 공간이 자리 잡고 있다.

신라실에 들며

108호실, 상설 전시관 1층 여덟 번째 방, 바로 신라실이다. 신라실 입구는 가야실 출구와 경계를 두고 있다. 지금 여기서는 단 한 걸음만으로 경계를 쉽게 넘나들 수 있지만, 과거 두 사회가 위태롭고 굴곡진 경계를 맞댄 채 치열하게 공방한 사실들을 떠올리다 보면 전시실을 신중히 지나게 된다.

국립중앙박물관 신라실은 통일 이전 신라의 역사 가운데서도 마립간麻立干 시기의 역사를 비중 있게 전시하고 있다. 해당 시기 제작된 금공金工 위세품威勢品들이 가득 진열된 공간이 압권이다. 국보로 지정된 금관(191호)과 금허리띠(192호)[*]가 전면 배치된 신라 영내의 도입

---

[*] 엄격하게 보면, 금으로 만든 허리띠는 유기물로 만든 허리띠의 장식이다.

[그림 2] 신라실 입구

선사·고대관 여덟 번째 방, 가야의 시간을 지나 닿은 신라의 공간에는
까마득할 이야기에 앞장서듯, 빛으로 뚜렷한 상징물 한 벌이 사람처럼 일어서서,
이어질 신라사의 세 공간—108호·109호·110호—과
세 성질—이사금·마립간·국왕—을 대표하고 있다.

ⓒ 옥재원

부는 신라실이 품은 신라사의 주요 일면을 압축한다고 봐도 좋겠다.

초입의 진열장은 번호가 1901번이다. 신라실의 진열장들은 이 1901번에서 시작되어 1932번에서 끝난다. 이 순서는 대략 3세기 대의 철기로 열려 6세기 대의 토기로 마친다. 이사금尼師今 시기의 성장세를 나라 안팎으로 크게 확장하고 6세기 대의 집권체제 정립을 직접 이끈 마립간 시기의 시·공간, 그 점진하는 구간의 중간에서 일어난 역사적 격동이 서른두 개의 투명한 유리장을 관통하며 꿈틀댄다.

그때 만들어져 여기서 시대상을 대표하고 있는 전시품들, 진열장 속에서 가만히 침묵하고 있는 저 전시품들, 마치 사회변동의 폭이 매우 컸던 시간대의 아주 소란한 화자話者 같다. 감상자의 의지만 있다면 충분히 저들과의 대화가 가능할 듯하다. 물론 이는 신라실에만 한정되지 않는다. 잘 본다는 건, 시각 외의 감각들도 두루 쓰는 작업이다.

수십만 년에 걸쳐 흐른 시간을 따라 차분하게 전시를 감상하는 길, 그 길 끝에 자리한 신라실. 신라의 국명이 비롯된 '신자덕업일신나자망라사방지의新者德業日新羅者網羅四方之義'[*]의 문구를 빌리면, 이렇게 전시를 보는 관점이 새로워지며 각 시간의 전시들을 아우르게 되었다. 서사의 무게를 더한 동선을 타고 신라실로 든다.

[*] 《삼국사기》 권4, 신라본기 4, 지증 마립간 4년

1901번 진열장

신라실을 여는 금관의 방, 2020년 9월 현재 이곳에는 경주 황남대총 북쪽 무덤의 발굴조사(1973년 6월~1974년 12월)에서 출토된 금관이 단독 장에 전시되고 있다. 금관, 누가 썼을까.

단독 장의 특징이 있다. 장점일 수도 있겠다. 여기에는 다른 이야기들이 들어서지 못하고 그만큼 다른 이야기에 매몰될 가능성도 적어, 전시품이 품고 있는 이야기 그대로에 다가서는 데 이롭다. 어떤 경우에는 복잡한 세상의 현상과 수많은 사람의 삶에 함몰된 스스로를 꺼내어, 오직 온전한 자신 그대로의 모습으로 시간에 집중할 수 있는 깃대로 삼기에도 좋다. 금관, 어떻게 썼을까.

무덤에서 나오긴 했지만 용도가 사후로만 제한되지는 않았을 것이다. 《삼국지三國志》 권30, 위서魏書 30 오환선비동이전烏丸鮮卑東夷傳의 고구려 기록에, "그 공회에서는 모두 수를 놓은 비단옷을 입고 금·은으로 장식을 한다"고 기록되어 있다. 신분질서가 공고하게 정립되어가던 당대의 고구려 사회에서 금·은 조형물은 공식적인 위계의 상징물로 활용되었던 것이다.

1953년 6월 2일 영국 런던의 웨스트민스터사원에서 열렸던 영국 엘리자베스 2세의 대관식 장면이 떠오른다. 이름 그대로 '대관식', 즉 국왕이 관을 착용하며 자신의 즉위를 공표하는 의식에서, 몇 가지 모습이 유독 눈에 띄었다. 단연 돋보인 것은 '세인트 에드워드 왕관'을 쓴 여왕의 모습이었다. 여왕 주변에서 여왕을 보

[그림 3] 황남대총 북분 금관
현재까지 발견된 전형의 맞가지-엇가지 세움 장식이 달린
신라의 금관 가운데 시기가 가장 이르며, 신분과 지위가 사회에서
상당히 귀하고 높은 여성이 지녔던 금관이다. 금관을 쓴 그녀는 누구이며,
또 그녀의 금관을 만든 이는 누구일까.
ⓒ 옥재원

위하던 여러 왕족 및 귀족이 관을 착용한 모습 또한 인상적이었다. 대관식에 등장한 이 관들은 차등과 동질을 복합적으로 상징하는 핵심 장치였다.

아직까지 경주 지역 대형 무덤은 일부만 발굴조사가 진행된 상태이다. 그럼에도 여러 점의 금관과 다수의 금동관이 나왔다. 이 관들은 어떤 사람들이 쓰고 어떻게 썼을까. 관을 만든 사람들, 그리고 아직 쓰지 못한 혹은 결코 쓸 수 없는 사람들을 향해 관의 사용 목적에 관한 제대로 된 질문이 필요하다.

관을 썼던 신라 사람들과 그들이 관을 썼던 시간대에 다가설 수 있는지 떠올려본다. 문헌 사료 속에 등장하는 국왕들, 그리고 그의 가족들과 신료들이 오늘 우리가 보는 관들의 주인공일 것이다. 그러한 역사적 장면을 압축하고 있는 전시품에 온전히 집중하여 대상을 여러 측면에서 분석하다 보면, 사후의 용도를 토대로 생전의 용도를 조금씩 추적해갈 수 있다.

박물관을 방문한 관람객 다수는 전시실에서 유물의 외형을 훑는 데 대부분의 시간을 쓴다. 호기심은 대략 누군가가 이미 역사 중에서 선별한 주요 사건·사람·사실을 반복해 익히거나 암기의 빈칸을 채우려는 쪽으로 집중된다. 이러니 역사에 대한 암기력은 나날이 나아지는 것 같은데 사고력은 제자리다.

사회 분위기가 역사 관련 콘텐츠를 반기고 있고 이는 박물관에도 영향을 미친다. 눈에 보이지 않는 생산자의 정직한 노고는 선명하게 눈에 띄는 소유자, 이를 뒷받침하는 역사의 기록 아래 숨어 있다. 전시품을 앞에 두고도 이를 알아채기란 쉽지 않다. 많은 사람이 역사의 전모를 만끽할 수 있도록 적절한 질문을 던지고 결과를 도출해내는 연구자들의 자세가 중요한 것은 이런 이유에서이다.

경주의 관들

몇 해 전, 경주 월성 서쪽에 위치한 황남동 120-2호분 발굴조사 결과가 큰 화제가 되었다. 금동관, 금귀걸이, 금동신발 등 각종 금공 위세품이 무덤 주인공의 몸에 착용된 채로 출토된 데다 1977년 경주 인왕동 고분군 조사 이후 43년 만에 신발이 발견되어서다. 금동관이 나온 만큼 무덤의 주인공은 비범한 신분 출신으로 상당한 지위를 누린 인물이었을 것이다.

최근 10여 년 동안의 발굴조사가 마무리된 경주 쪽샘 44호분에서도 금동관이 나왔다. 주인공은 어린 여성인데, 어려서 세상을 떠났음에도 상당히 특별한 존재였던 것으로 보인다. 그의 영화를 위해 사람들이 작은 그녀를 뉘고 크게 감쌀 시설을 꼼꼼히 갖춘 과정, 돌과 흙과 나무로 복잡한 무덤을 단단히 지은 절차가 뚜렷하고 몸과 그 둘레를 최상급의 장신구와 귀한 물품으로 화려하게 수식한 모습이 도드라졌기 때문이다. 무덤은 '신라 공주묘'라는 이름을 얻었다,

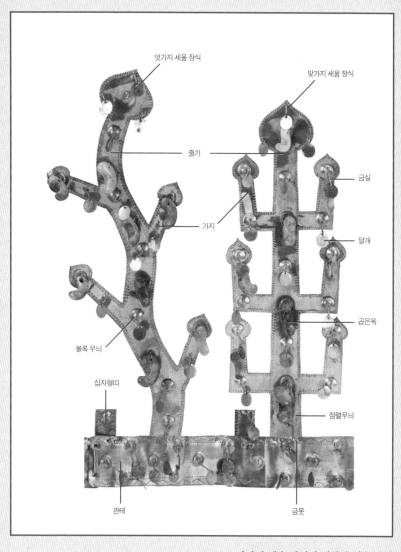

엇가지 세움 장식

맞가지 세움 장식

줄기

금실

가지

달개

곱은옥

볼록 무늬

십자형띠

점렬무늬

관테

금못

[그림 4] 맞가지 세움 장식과 엇가지 세움 장식
신라 사람들이 당대의 '무엇'을 두 가지 장식으로 나타냈을지를,
여러 연구자가 계속 좇고 있다. 무엇의 모양을 맞추는 일에 머물 게 아니라
무엇의 의미까지 들추는 일로 추적을 이어가야 할 것이다.
무슨 모양으로 보이며, 어떤 의미로 헤아려지나?
* 출처: 국립중앙박물관,《과학으로 풀어 보는 서봉총 금관》, 국립중앙박물관, 2015, 28쪽.

두 무덤에서 발견된 금동관들의 형태는 맞가지 세움 장식이 달린 공통 형식의 대관이었다. 신라의 관은 크게 이마를 두르는 대관과 머리 위에 올리는 모관으로 나뉜다. 신분·지위와 직결된 관의 재료로는 단연코 금이 으뜸이며, 그 아래에 은, 그 아래에 금동이 위치하고, 동과 철이 그 아래이다.

마립간 시기 신라에서 관을 쓰거나 지니고 있다는 것은 소유자가 엄격한 계층구조에서 극소수의 상위 신분에 든 존재임을 의미한다. 관은 그 자체로 상징하는 힘이 대단해서, 관을 결코 가질 수 없는 대다수의 마음을 장악하는 데 유효한 도구였을 것이다. 경주와 그 바깥 지역 사람들로 엮인 사회 서열의 정점에 금관 소유자가 앉아 있다.

지금까지 경주에서 발견된 금관은 모두 여섯 점이다. 발견 시점을 기준으로 보면, 금관총 금관(1921), 금령총 금관(1924), 서봉총* 금관(1926), 교동 금관(1969), 천마총 금관(1973), 황남대총 북분 금관(1974)의 순이다. 이들 가운데 교동 금관을 제외한 다섯 점은 맞가지 세움 장식과 엇가지 세움 장식**으로 구성된 동일 계통의 전형적인 신라관이다. 반면 교동 금관은 형태가 독특하고 유일하며 초기 형식이라 연구 가치가 적지 않으나, 정식으로 출토된 다섯

* 서봉총은 두 개의 무덤이 남북으로 연접된 무덤이다. 글에서 '서봉총'은 서봉총 북분을 가리킨다. 서봉총 남분은 '데이비드총'으로 구분한다.
** '사슴뿔 모양 장식'으로 불리기도 한다.

점과 달리 주민이 임의로 수습한 관이라 단호한 학술적 판단이 어렵다. 경주 중심부의 대형 돌무지덧널무덤 상당수가 아직 열리지 않은 상황이라 장래에 조사가 진행된다면 관을 발견하는 횟수가 더 늘 것이고 역사 추적도 훨씬 활발하리라는 예상은 가능하다.

　무덤을 연구하는 고고학 연구자들은 무덤의 형식과 구조, 그 부장의 구성과 양상을 많은 조사 사례와 비교하며 상대적인 선후 단계를 산정한다. 이를 통해 파악한 일련의 문화상을 역사적 시공간에 대입하여 역사상을 재현하고 역사성을 부여한다. 이처럼 순서 배열은 물질문화를 근거로 역사를 이해하는 작업에서 아주 중요한 의미가 있다. 발굴 순서보다 제작 순서가 훨씬 중요하다는 점 때문이다.

　금관의 제작 순서는 대체로 그것이 매납埋納된 무덤의 조영 시점과 연동한다. 하지만 반드시 그런 것은 아니다. 470년에 제작된 '금관 A'와 480년에 제작된 '금관 B'가 있다 하자. 금관 B는 제작된 무렵 소유자가 죽음을 맞아 무덤에 매납되었다. 반면 금관 A는 제작된 후 다른 사람에게 넘겨져서 금관 B보다 늦게 무덤에 부장되었다. 금관이 제작된 즈음에 부장되지 않고 시간을 넘겨가며 다른 사람에게 전해졌다면, 무덤의 조영 순서와 어긋나는 역전이 일어날 수도 있는 것이다.

　무덤의 고고학에서 쌓이고 쌓인 위아래의 흙은 바뀌는 일이 드물지만, 들이고 들인 앞뒤의 물품은 때때로 바뀔 수 있다. 충분히 일어날 수 있는 이런 경우 때문에 무덤의 조영 순서만으로 금관의 제작 순서를 가늠해서는 안 된다. 이 같은 문제가 발생하지 않도록 하기 위해 고고학 연구자들은 부장품 낱낱의 형태적 특징과 시간적 특성을 꼼꼼하게 따진다. 금관이 출토된 무덤들의 선후 관계는 대체로 황남대총 북분→금관총 – 서봉총→천마총 – 금령총의 순서로 추정되고 있다. 이에 의해 금관 각각을 만들고 썼던 시점의 순서를 가늠할 수 있겠다.

다섯 점의 금관은 모두 맞가지 세움 장식과 엇가지 세움 장식을 갖췄다. 신라에서 사람의 처지로 금과 금동, 경주 안과 그 바깥 사이를 가르는 계선은 엄격한 편이다. 경주 바깥에서 금관이 발견된 사례는 아직 없다. 앞으로의 가능성도 적다. 엇가지 세움 장식이 달려 있는 금동관도 매우 드물다. 이는 핵심 요소로 보인다. 장식 장착에는 허락이 반드시 필요했을 것이다.

비슷한 듯 다른 금관들

금관의 형태 전반은 서로 흡사하나 형태·장식·크기·무늬 등 금관을 이루는 구성 요소는 약간씩 차이가 있다. 작은 기술적 격차가 연출되는 이유 몇 가지를 떠올려볼 수 있다. 이 차이는 시간상의 순서, 시차 혹은 상황과 밀접한 편이다. 특별한 이들이 가지고 썼던 귀중품인 만큼 정체성을 준수하는 모본이 존재했을 테지만, 제작은 드문드문 진행되었을 것이다. 시간이 흐르며 장인 사이에 세대교체가 일어났고 발원자의 요구사항이 달라지는 일도 있었을 것이다.

좀 더 구체적으로 살펴본다. 형태와 장식으로 가장 눈에 띄는 금관은 서봉총 금관이다. 특이하게도 띠 모양의 좁고 긴 금판(십자형띠) 두 매가 관테 안쪽의 앞쪽과 뒤쪽, 왼쪽과 오른쪽을 엇갈려 연결한다. 금판들이 '+'자를 이뤄 만나는 꼭대기에 세 줄기로 갈라져 뻗은 가지 장식이 있고, 각각의 줄기 끝에는 봉황에 가까운 모습의 새 장식이 한 마리씩 달려 있다. 이 새 장식은 무덤의 명칭을 '서봉총'이라 부르기로 결정한 단초가 되었다. 발굴조사 당시 스웨덴의 구스타프Oscar Fredrik Wilhelm Olaf Gustaf Adolf 황태자 내외가 현장을 찾아 금허리띠의 띠드리개와 띠꾸미개를 직접 노출하고 발굴이 끝난 금관·청동 초두 등의 출토 유물도 수습했다. 이 방문을 기념하기 위해 무덤 명칭을 지을 때 스웨덴을 음역한 '서전瑞典'에서 한 글자를 취하고 '봉황'에서 한 글자를 따서 이름 지었다.

많은 수의 달개[*]와 경옥제 곱은옥들이 서봉총 금관을 장식하고 있다. 그런데 다섯 점의 금관 중에서 금령총 금관에만 곱은옥이 달려 있지 않다. 금령총 금관만의 특성은 또 있다. 대부분의 금관은 지름이 성인에게 알맞은 규격이지만 금령총 금관은 지름이

---

[*] 금관 따위에 매달아 반짝거리도록 한 얇은 쇠붙이 장식.

16.5센티미터에 불과하다. 성인의 관이 아니거나 오래 지녀오던 관 또는 누군가에게 받은 관일 수 있는 것이다. 이 관 세움 장식의 맞가지는 4단이다. 3단인 황남대총 북분·금관총·서봉총의 금관과 다르다. 무덤 조영 시점이 가까운 천마총 금관의 장식도 4단이라 둘을 같은 형식으로 묶을 수 있다. 3단에서 4단으로의 변화는 세대의 격차와 같은 시간상의 상황 변동이 반영된 결과일 듯하다.

세움 장식을 관테에 결합하는 방식, 관테 안팎을 꾸미는 방식에서도 차이가 난다. 황남대총 북분 금관의 경우, 금 못 3개를 관테에 '∴' 모양으로 쳐서 장식을 연결했는데, 금관총 금관도 동일하다. 이와 서봉총 금관(·· | ··· | ··), 금령총 금관(··), 천마총 금관(··)은 방식에서 다소 차이를 띤다.

황남대총 북분 금관의 관테 위아래 가장자리에는 끝이 뾰족한 도구로 외면을 찍어 이은 점열문 두 줄과 파상문 한 줄이 새겨져 있다. 금관총 금관, 서봉총 금관, 천마총 금관의 무늬 구성도 그와 같다. 다만 천마총 금관 관테의 점열문과 파상문 사이에는 원문이 찍혀 있어 특이하다.

금령총 금관은 유형이 조금 독특하다. 파상문이 빠지고 끝이 둥근 도구로 내면을 눌러 이은 두 줄의 점열문이 관테에 표현되었는데, 이 무늬는 세움 장식의 가장자리까지 이어진다.

황남대총 북분 금관과 금관총 금관은 관테의 둥근 볼록 장식이 한 줄인데, 서봉총 금관과 금령총 금관, 그리고 천마총 금관은 세 줄이다. 이 차이는 시가의 흐름과 일정하게 관련되어 한 줄→세

[그림 5] 금령총 금관
관테 지름 약 17센티미터, 작은 금관, 어린 영혼.
저 무덤에서는 '말 탄 사람 토기'들이 나왔고 금으로 만든 방울— '금령'—이 나왔다.
아프다 세상 떠난 아이가, 아픈 몸 떠난 영혼이, 저세상까지 무사히 가서
즐겁게 노닐 수 있도록 염려하며 마련한, 어른들의 사랑이 한껏 이룬 선물인 듯하다.
ⓒ 옥재원

[그림 6] '연수'를 새긴 은합 뚜껑 내부

'서기'로 시간을 나타낼 수 없었던 사람들은 '연호'로 자신들의 시점을 드러내 보였다.

'서기'에 익숙한 사람들은 '연호'를 눈금 삼아 역사의 시점을 좇고 있다.

연호로 특정한 시점을 밝히는 데, 60년의 긴 주기 때문에 이래저래 까다롭게

재야 할 작업들이 많지만, '연수'라도 남아 있는 건 얼마나 다행인가.

어두운 방에 갇힌 이에게는 빛이 스며드는 문틈 같은 희망이다.

ⓒ 옥재원

줄로 변화되었다고 볼 수 있다.

마립간 그리고 그와 가까운 핵심 지배층 중 몇몇 사람들이 관을 가지거나 썼을 것이다. 특히 금관은 마립간을 배출하는 혈족 집단이 전유한 위세품을 대표한다. 황남대총 북분에서는 '부인대夫人帶'명문이 선각된 은제 허리띠가 나왔고 서봉총에서는 '연수원년신묘延壽元年辛卯'명문이 선각된 은제 뚜껑그릇(1928번 진열장 내 전시)이 나왔다. 또 공통적으로 굵은 고리 금귀걸이가 출토되었다. 이것들과 함께 나온 여러 부장품의 구성이 여성 피장자의 정형을 따르고 있다는 점에서 두 금관은 여성이 착용한 관으로 추정된다.

이들이 부장된 무덤들은 두 개의 무덤을 덧붙여 조영한 표주박 모양의 쌍분이며, 둘 다 북쪽 무덤이다. 이렇게 보면, 금관은 태생적으로 '귀속 지위'를 누린 마립간 소속 혈족 집단 사람들뿐만 아니라 혼인 등으로 '성취 지위'를 얻어 왕실에 든 여성까지 소유하거나 착용할 수 있었던 듯하다.

금관의 주인공들과 그들이 묻힌 대형 무덤들의 정체를 찾는 작업이 극히 어려움에도 반드시 해야 하는 까닭이 있다.《삼국사기》와《삼국유사》의 기록 상당수가 그들의 생애와 정치적 결정을 주요 내용으로 삼고 있어서이다. 이 작업은 사료의 부족으로 어려움이 많은 고대사 연구에서 그나마 단서를 얻고 어려움을 풀어가는 데 효과적인 방편이 된다. 가장 확실한 출발점은 마립간이다.

'마립간'이라는 자리

'마립'과 관련하여 《삼국사기》(1145년 수찬)에서는 김대문金大問의 말을 빌려 다음과 같이 전한다. '마립'은 방언에서 말뚝을 일컫는데, 국왕의 말뚝은 으뜸이 되고 신하의 말뚝은 높낮이에 따라 그 아래로 나열되는 형식에서 국왕의 지위를 나타내는 위호로 사용되었다는 것이다.[*] 《삼국사기》에는 눌지(재위 417~458)·자비慈悲(재위 458~479)·소지炤知(재위 479~500)·지증智證(재위 500~514)까지 마립간으로 즉위한 국왕으로 기록되어 있으나, 《삼국유사》(1281년 편찬)에는 눌지 이전의 두 국왕인 내물奈勿(재위 356~402)과 실성實聖(재위 402~417)까지 마립간으로 기록되어 있다.

신라 국왕의 위호는 거서간居西干→차차웅次次雄→이사금→마립간→왕으로 정치의 결이 달랐던 시기마다 바뀌었다. 이사금에서 마립간으로 국왕의 위호가 바뀐 까닭은 무엇일까. 신라 국왕 위호가 바뀌는 과정은 국왕 권력의 일정한 신장과 직결되어 있다. 각 단계는 이전 시기에 일어난 혁신의 결과로 보이기도 한다. 다소 거친 의견이지만, 신라 사회의 발전 궤적은 극적인 계단으로 이어졌다기보다는 완만한 경사로 이어져 이루어진 것 같다.

신라의 물질문화 중에서 묘제, 곧 무덤 형식만 해도, 조사 성과

---

[*] 《삼국사기》 권3, 신라본기 3, 눌지■ 마립간 즉위년.

가 상대적으로 부족했던 예전에는 연구자들이 특정 시점에 널무덤(목관묘木棺墓)에서 덧널무덤(목곽묘木槨墓)으로, 다시 돌무지덧널무덤(적석목곽묘積石木槨墓)으로, 이후 돌방무덤(석실묘石室墓)으로 급작스럽게 전환되었다고 보는 편이었다. 하지만 조사 성과가 제법 축적된 최근에는 다수의 연구자가 한 시점의 앞뒤 시기 모두와 과도적인 형식을 아우르면서 연속하는 변화를 중요하게 여기고 연구 주제의 논리적 구조를 완성해나가는 경향을 보인다. 곧 시점의 무게보다 시간의 과정에 유의하면서, 유적·유구·유물의 유형적 가치와 역사적 의미를 궁구하는 것이다.

상징적인 예를 덧붙이자면, 박씨 혁거세赫居世 거서간 대에 신라로 흘러들어온 석씨 탈해脫解[*]를 혁거세 거서간의 아들 남해南解 차차웅이 등용하고,^{**} 탈해가 이사금이 된 뒤에 알지閼智를 거둬들여 김씨를 성씨로 내려주는^{***} 연속 과정, 그 성씨의 차이만큼 결이 크게 다른 집권 집단들의 상호 연결은 신라 사회의 발전 궤적의 특성을 보여주는 듯하다.

이런 관점에서 볼 때, 국왕의 위호가 마립간으로 바뀐 계기는 이사금 시기와 연동하는 변화 속에서 발생한 집권층의 재구성, 이로부터 비롯된 권력관계와 지배질서의 재편, 그리고 국정운영

---

* 《삼국사기》 권1, 신라본기 1, 탈해 이사금 즉위년.
** 《삼국사기》 권1, 신라본기 1, 남해 차차웅 7년.
*** 《삼국사기》 권1, 신라본기 1, 탈해 이사금 9년.

양상의 변모, 그리고 이 같은 정치 구도의 지속 등으로 추정된다. 《삼국사기》보다 나중의 기록인 《삼국유사》의 왕력王歷에서 일연一然이 마립간 위호를 내물까지 소급해 적용했던 데는 기록의 근거, 역사성에 대한 나름의 판단이 작용했을 것이다.

983년 학자 이방李昉이 중국 송宋 태종(재위 976~997)의 하명을 받들어 편찬한 전적 《태평어람太平御覽》의 기록에 따르면, 신라 국왕 '루한樓寒'이 382년 사신 위두衛頭를 전진前秦에 보내 미녀를 바쳤다고 한다.[*] 〈충주 고구려비〉의 비문에는 내물 마립간으로 간주되는 신라 '매금寐錦'이 고구려 국왕의 권위를 대리하는 태자 공共에게 신속을 밝혔다고 한다. 보통 이 표현들은 '마립간'을 지칭하는 것으로 추정된다. 따라서 두 기록은 그 위호가 정착한 때를 가늠하는 데 근거로 삼을 만하다.

문헌 사료와 고고 자료를 모아본다. 이 자료들을 근거 삼아 김씨 집단의 공고한 집권, 이를 중핵으로 재편된 관계와 질서, 운영된 나라의 역사성 면면을 따질수록, 내물이 마립간 시기를 개막했다고 본 일연의 판단을 따르게 된다. 지배자들이 이사금인 나라였던 시기를 벗어나, 이제 마립간이 곧 신라인 시간이 150여 년 흐르게 되었다.

[*] 《태평어람》 권781, 사이부四夷部 2, 동이 2, 신라.

[그림 7] 목가리개와 판갑옷

전장에서, 목가리개와 판갑옷을 넉넉히 두른 장수가 궁색하여
두를 수 없는 병사들을 진심으로 염려하고 다독일 때, 그들의 사기는 한껏 올라
전운을 가득 채울 것이다. 나해奈解 이사금의 아들 석우로昔于老는 245년,
고구려 군이 북쪽 변경을 침입하자 나가 맞섰으나 이기지 못하고 물러나
마두책馬頭柵을 지켰다. 이때 그는 열악한 상황과 열세한 부하를 책망하기보다,
밤 추위에 떠는 이들을 몸소 두루 위로하고 불을 피워
그들의 몸을 데웠다《삼국사기》 권45, 열전5, 석우로). 어디 몸만 녹았겠는가.
이사금 시기 신라의 철제 무기에 얽힌 사람의 관계를 생각해본다.
ⓒ 옥재원

힘의 바탕, 7개의 진열장

금관·금허리띠의 방을 지나면, 철기들로 가득 찬 방이 나온다. 이사금 시기의 신라, 이 시기에 진행된 성장과 관련하여 뚜렷한 기록이 남아 있다. 눈에 띄는 증거들이 이를 입증한다. 그 가운데 가장 두드러진 것으로 당대 최첨단 신소재인 철의 생산과 능란한 활용을 들 수 있다.

경제적 토대 없이 정치적 성장을 이루기 어려운 법이다. 당시 신라의 핵심 지배층은 오늘날의 울산 달천 광산으로부터 철 소재를 공급받고 경주 황성동 일원에 철기 복합생산단지를 운영하면서 철기 제작과 납품을 관장하여, 나라 안팎의 권력을 높이고 키웠다. 황성동부터 덕천리·구정동·용강동·월성로·구어리 등 경주 지역 곳곳과 포항·대구·칠곡 등 주변 지역의 주요 지점에서 조사된 무덤 속에서 경주산의 중간재(덩이쇠), 그리고 완제품 무기들과 농기구들이 발견되었다.

그렇게 서서히 이사금의 국내 지배력은 높아갔고, 국외 영향력은 각지에 닿았다. 경주와 주변 지역 사이에 형성된 일정 권역의 관계망은 점차 경제적인 유대에서 정치적인 연대로 변모되어갔다. 물론 이사금 시기의 신라는 주변 지역사회를 마치 자기 땅처럼 강고하게 통치하기에는 힘이 부족했고, 여러 지역과의 역학관계는 오늘날의 국제정세처럼 끊임없이 강약과 진퇴를 거듭했을 것이다. 그러나 경주에서 바깥으로 나간 철기의 분포 그리고《삼국사기》에서 각지의 작은 나라들을 치거나 멸했다는 기사들은 신라의 영향력이 어느 정도였는지를 분명히 보여주고 있다.

이처럼 철기는 신라의 성장에 큰 역할을 했다. 성장은 단순히 철기를 단단하고 날카롭게 제작하여 전쟁과 농사에 잘 사용한 데서만 유발된 결과가 아니라, 사회운영 차원에서의 생산·활용 기획과 깊은 관련이 있다. 즉 제작 목적, 소재 현황, 기술 능력, 소비 규모, 공급 이익 등을 사회운영 효율에 맞춰 사람이 판단하고 인력을 직접 투입하여 목표를 달성하는 일련의 물질 생산체계가 한층 발전한 사회의 성장 수준을 보여주는 것이다.

철기 생산에서 신라의 규격과 표준이 다른 지역사회들을 확연히 능가하게 되면서, 영남 내륙·해안 권역에서의 경주산 철기 점유율은 점차 높아갔다. 그만큼 일정 권역의 관계망에서 발생한 이익은 경주로, 특히 철 소재 공급과 철기 제작·납품을 관장했던 신라의 핵심 지배층에 집중되었다. 토기 생산도 철기와 같은 시공간적 양상을 나타냈다.

결국 신라의 물질 생산체계는 사회경제적 차원의 변화를 넘어, 신라의 지배층의 권력 지형, 즉 마립간의 등장과 혈연·서열 기반의 지배질서 정립, 육부六部로 압축되는 정치구조의 성립 등 정치적 차원의 변동에 직접적인 영향을 주었을 것이다. 철에서 나온 나라의 힘을 보여주는 신라실 두 번째 방, 3~4세기의 공간에서, 물질의 발달을 기반으로 솟아오른 마립간의 힘을 만나보자.

1장 관련 주요 전시품과 정보[*]

진열장 번호	소장품 명칭	전시 정보
1901	금관	– 경주 황남대총 북분 – 삼국시대(신라) – 국보 – 높이 27.3cm, 무게 1,062g
	금허리띠	– 경주 황남대총 북분 – 삼국시대(신라) – 국보 – 길이 120cm, 무게 919g
1902	미늘쇠	– 경북 경주 덕천리 | 2004년 발굴 – 삼국시대(신라) 4세기
	미늘쇠	– 경북 포항 옥성리 | 1995년 발굴 – 삼국시대(신라) 4세기
	미늘쇠	– 경북 경주 구정동 | 1982년 발굴 – 삼국시대(신라) 4세기
	미늘쇠	– 대구 서변동 | 1998년 발굴 – 삼국시대(신라) 4세기
1903	거푸집	– 경북 경주 용강동 | 2007년 발굴 – 삼국시대(신라) 3∼4세기
	거푸집	– 경북 경주 황성동 | 1990년 발굴 – 삼국시대(신라) 3∼4세기

* 전시품 목록은 2020년 6월에 모으고 2023년 여름에 다시 본 정보이다. 전시품
은 박물관의 전시 기획과 개편 등에 따라 부분적으로 교체될 수 있다. 소장품 명
칭과 전시 정보가 중복되는 일부는 목록에서 제외했다. 전시품들은 전국 박물
관 소장품을 온라인으로 열람할 수 있는 e뮤지엄(http://www.emuseum.go.kr/)에
서 전시품의 이름, 소장기관 '국립중앙박물관', 국가 '신라' 등의 키워드로 살
펴볼 수 있다.

1903	쇠도끼	– 경북 경주 덕천리 ㅣ 2004년 발굴 – 삼국시대(신라) 3~4세기
	덩이쇠	– 경북 경주 월성로 ㅣ 1984년 발굴 – 삼국시대(신라) 4세기
1904	쇠스랑	– 경북 경주 황성동 ㅣ 2004년 발굴 – 삼국시대(신라) 4세기
	쇠낫	– 경북 경주 덕천리 ㅣ 2004년 발굴 – 삼국시대(신라) 4세기
	쇠따비	– 경북 경주 황성동 ㅣ 2004년 발굴 – 삼국시대(신라) 4세기
	쇠따비	– 경북 포항 초곡리 ㅣ 2012년 발굴 – 삼국시대(신라) 4세기
	쇠삽	– 경북 포항 옥성리 ㅣ 1994년 발굴 – 삼국시대(신라) 4세기
1905	목걸이	– 경북 경주 황성동 ㅣ 2004년 발굴 – 삼국시대(신라) 4세기
	목걸이	– 경북 칠곡 심천리 ㅣ 1999년 발굴 – 삼국시대(신라) 4세기
	목걸이	– 경북 포항 학천리 ㅣ 1998년 발굴 – 삼국시대(신라) 4세기
1906	고사리장식 쇠창	– 경북 경주 황성동 외 ㅣ 2004년 발굴 – 삼국시대(신라) 3~4세기
	고사리장식 쇠창	– 경북 포항 마산리 외 ㅣ 2011년 발굴 – 삼국시대(신라) 3~4세기
	쇠창	– 경북 경주 덕천리 외 ㅣ 2004년 발굴 – 삼국시대(신라) 3~4세기
	고리자루칼	– 경북 경주 덕천리 ㅣ 2004년 발굴 – 삼국시대(신라) 3~4세기
	고리자루칼	– 경북 경주 황성동 ㅣ 1997년 발굴 – 삼국시대(신라) 3~4세기
	굽은칼	– 경북 경주 황성동 ㅣ 2004년 발굴 – 삼국시대(신라) 3~4세기

1906	쇠도끼	– 경북 경주 황성동 ㅣ 2004년 발굴 – 삼국시대(신라) 3~4세기
	고사리장식 쇠창	– 경북 경주 황성동 외 ㅣ 2004년 발굴 – 삼국시대(신라) 3~4세기
	고사리장식 쇠창	– 경북 경주 구어리 ㅣ 1998년 발굴 – 삼국시대(신라) 3~4세기
	쇠창	– 경북 경주 덕천리 외 ㅣ 2004년 발굴 – 삼국시대(신라) 3~4세기
	고리자루칼	– 경북 경주 구정동 외 ㅣ 1982년 발굴 – 삼국시대(신라) 3~4세기
1907	목가리개	– 경북 경주 구정동 ㅣ 1982년 발굴 – 삼국시대(신라) 4세기
	판갑옷	– 경북 경주 구정동 ㅣ 1982년 발굴 – 삼국시대(신라) 4세기
1908	오리모양 토기	– 울산 중산동 ㅣ 1991년 발굴 – 삼국시대(신라) 3~4세기
	오리모양 토기	– 경북 경산 조영동 ㅣ 1988년 발굴 – 삼국시대(신라) 3~4세기
1928	'연수延壽'를 새긴 은합	– 경북 경주 서봉총 ㅣ 1926년 발굴 – 삼국시대(신라) 6세기

박물관에서 신라사를 생각하다 ──●

02

전시실이 품은 마립간의 무덤

거대한 무덤

경주시 황남동 일대, '대릉원'으로 불리는 장소에 거대한 무덤들이 무리를 이루고 있다. 황남대총·천마총, 그 위로 봉황대·금령총·금관총·서봉총·서봉황대·호우총 등 황남동·노서동·노동동 일원을 대표하는 여러 무덤에는 매우 중요한 무덤 형식상의 공통점이 있다. 바로 '돌무지덧널무덤'이라는 점이다. 돌무지덧널무덤은 김씨 집단의 집권 상황과 맞물려 갑작스럽게 등장한 시설로 주목받기도 한다. 대형 돌무지덧널무덤의 조영은 같은 계통의 무덤 형식이 연속 과정으로 변화하며 발전한 결과라서, 357년 이후 고정된 김씨 집단의 집권 및 소유 권력과 직접적으로 연관되어 있을 가능성이 매우 높다고 보는 것이다.

박물관에서 신라사를 생각하다 ──●

여기서 짚어볼 사실이 있다. 경주 월성로의 무덤들로 보건대 돌무지덧널무덤의 변화와 발전이 4세기 전반부터 본격화되었다고 판단되는 만큼, 이사금 시기 후반의 정세를 간과할 수 없다는 점이다. 이때 김씨 미추味鄒 이사금(재위 262~284)이 즉위하는 등 정치적 기회를 얻은 김씨 집단이 크게 성장한 동시에 석씨 이사금의 재위가 이어지는 상황도 있었다.

당시에는 석씨 집단의 세력 약화와 김씨 집단의 세력 강화와는 별개로 관료의 임면, 군사의 사령, 회의의 주재 등의 권한을 행사하면서 이사금의 위상이 제법 강화된 편이었다. 따라서 대형 무덤 중에서 규모가 최대급이며 시기상 앞서는 황남대총보다 더 이른 시기에 큰 규모로 만들어진 돌무지덧널무덤에 석씨 이사금 혹은 혈연관계상의 최측근, 이벌찬과 같은 최상위 신료가 안치되었을 가능성도 있다.

요컨대 돌무지덧널무덤의 유행이 김씨 집단의 득세와 밀접한 관련이 있긴 하지만, 특정 집단의 전용 형식으로 단정하기에는 무리인 듯하다. 무엇보다 이사금 시기와 마립간 시기가 점진적인 사회변동으로 연결되고 김씨 집단의 집권이 강압적인 경쟁만으로 성취되었다고 해석하기 어렵기 때문이다. 《삼국사기》의 기록에서 김씨 내물은 별다른 정치 위기를 겪지 않고 석씨 흘해訖解 이사금으로부터 왕위를 물려받았다. 새롭게 권력을 이양받은 김씨 집단의 입장에서는 선대 이성 이사금 또는 정권 유력자의 무덤을 위상에 맞게 짓는 결정이 집권의 정당성을 보장받고 나라 사람들의 지지를 이끌어내는 데 이롭지 않았을까 싶다.

신라 수도 경주는 고려의 지방 주요 도시로서, 또 조선의 영남 군사 요지로서 어느 정도의 지정학적·역사적 위치를 유지했지만, 근현대 들어 도시 개발의 동향 속에서 원형의 변질을 피하지 못했다. 그러나 도심부와 일부 외곽부의 대형 돌무지덧널무덤들은 규모와 단단한 구조 덕분에 개발이 낳는 파괴, 그리고 사람이 쏟는 탐욕까지 꽤 견딜 수 있었던 것 같다.

특히 돌과 나무는 인류사의 초기에 사람의 자연 적응과 사회 구성을 굳게 도운 재료였고 그만큼 사람이 오래 사용해온 재료여서 이를 신라 사람들은 아주 능숙하게 다룬 듯하다. 원활한 토기·철기 생산체계 이력도 탄탄했다. 이렇게 무덤들이 자기의 본래 모습을 잘 지키고 있는 배경에는 내력 깊은 재료, 솜씨 좋은 사람, 그리고 이들을 짜임새 있게 부리는 방식이 자리하고 있다. 발굴조사된 무덤의 수가 그렇지 않은 무덤들보다 훨씬 적지만, 무덤이 열릴 때마다 닫혔던 당시의 신라 역사가 온전히 나타나는 이유가 바로 여기에 있다.

그렇게 거대한 데다 단단하기까지 한 무덤 속에서, 마립간과 그 예하의 지배층들은 안락한 사후를 누렸다. 호사하던 그들의 입장에서 발굴조사로 눈부신 빛을 다시 맞는 일은 참으로 성가시고 불편한 일이겠다 싶다. 원치 않게 옮겨진 신라실의 전시품들, 특히 착용하던 금공 위세품을 살피다 보면 곳곳에 붙어 남아 있을 그들의 유체에 숙연한 마음이 들기도 한다. 그러다가 작은 무덤에도 들지 못했을 만큼 신분이 낮은 약자 신세로 권력자의 대형 돌무지덧널무덤을 지은 건축가들을 떠올리면 지배층의 영화를 지워버리고 만다.

시간상 돌무지덧널무덤의 규모가 대형이었던 구간은 그리 길지 않다. 짧은 순간 조영된 극소수의 초대형 무덤을 정점으로 무덤의 규모와 구조의 건축 현상에서, 또 무덤 속의 부장 양상에서 특별한 변화가 일어난다. 일단 중요한 점은 적어도 돌무지덧널무덤이 만들어지는 단계에서 권력의 크기는 무덤의 크기와 정확히 비례하지 않는다는 사실이다.

첫 번째 마립간

마립간의 최대 공통점은 김씨라는 점이다. 마립간으로 즉위했으나 국왕으로 퇴위한 지증왕을 제외하면 왕비들 역시 김씨이다. 이 공통점은 박씨·석씨·김씨 세 집단 출신의 이사금들이 즉위하고 성씨가 다른 집단과도 혼인관계를 맺었던 이전 시기와는 확연히 다른 차이점이기도 하다. 그만큼 김씨 집단의 권력이 이때 공고하게 자리를 잡았다. 국왕을 지속적으로 배출하며 단일 집단 지배체제를 장기간 유지했던 힘은 일시적으로 박씨 국왕이 등장한 10세기 초반까지 이어졌다. 집권과 국왕 권력을 둘러싸고 때때로 일어난 갈등은 어디까지나 집단 내부의 일이었다.

356년 석씨 흘해 이사금이 후사를 남기지 못하고 세상을 떠나자 내물이 즉위했다. 그의 아버지는 각간角干 말구末仇이며 어머니는 김씨 휴례休禮부인이다. 할아버지는 2세기 후반 좌군주左軍主로 소문국召文國 정벌, 백제군 격퇴 등의 공적을 쌓은 구도仇道 갈문왕葛文王이다.

아버지 구도와 아들 말구, 단 2대에 불과한 두 사람 사이의 시차가 상당하다. 다소 이치에 맞지 않거나 정도에서 지나치게 벗어난 사람과 사람, 사건과 사건 사이의 시간적 격차는《삼국사기》,《삼국유사》의 초기 기사들에서 종종 보인다. 이런 경우 객관적 합리보다 역사적 맥락에 초점을 맞춰서 읽고 뜻을 밝힐 필요가 있다. 사람의 기억이 가끔 불분명하거나 부정확하다고 해서 전하는 모두를 거짓으로 몰 수 없는 것처럼 역사의 전승에도 그런 측면이 있다. 이는 기억과 기록의 한계로 인해 시간을 거슬러 올라갈수록 강한 편이다. 더군다나 역사는 일어난 사실 외에도 사람의 신념을 담은 진실까지 포괄하는 이야기이다.

내물의 왕비는 미추 이사금의 딸이다. 미추 이사금은 내물의 아버지 말구 각간과 형제이니 내물은 근친과 혼인한 셈이다.[*] 이는 내물의 즉위에 미추 이사금과의 밀접한 혈연관계가 크게 작용했을 가능성을 암시한다.

---

[*] 《삼국유사》에는 내물이 구도 갈문왕의 아들일 가능성도 추가로 적혀 있다.

내물의 재위 기간에는 자연재해가 잦았지만 대외관계에서 이룬 성과가 많았다. 왜의 침입들을 방어했으며 백제와는 원만하게, 고구려와는 긴밀하게 교섭했다. 다른 나라와의 외교 성과는 지정학적으로 안전하게 연결될 수 있는 공간상의 안정을 기반으로 얻을 수 있다. 《삼국사기》 기록에 따르면, 신라는 이사금 시기였던 탈해 이사금 대(57~80)에 우시산국于尸山國(울산)과 거칠산국居柒山國(동래), 파사婆娑 이사금 23년(102)에 음즙벌국音汁伐國(안강)과 실직곡국悉直谷國(울진)과 압독국押督國(경산), 벌휴伐休 이사금 2년(185)에 소문국(의성), 조분助賁 이사금 2년(231)에 감문국甘文國(김천), 조분 이사금 7년(236)에 골벌국骨伐國(영천), 첨해沾解 이사금 대(247~261)에 사벌국沙伐國(상주) 등 경주 주변의 지역사회 다수를 토벌하거나 복속시키며 영향력을 뻗쳤다.[*]

당시 신라는 여러 지역사회를 공고하게 지배하기에는 힘이 부족했다. 이사금과 나라의 지배력은 지방 제도를 통해 공간과 사람을 집권력으로 온전히 통치했던 6세기 대의 수준에 크게 미치지 못했다. 이러한 신라의 한계를 틈타 지역사회들은 일정 정도 독립성을 유지했다. 그들을 직접 지배하기가 쉽지 않았던 신라는 외부와의 대결을 피하고 외부의 위협을 막거나 줄일 수 있는 지배 방식을 유지한 듯하다.

---

[*] 추정 위치와 사건 시점에 관해서는 연구자 사이에 이견이 있다.

이러한 상황에 대해 내물 마립간은 재위 마지막 무렵인 399년 백제와 연합한 왜·가야의 거센 공략을 받아 위태롭기 전까지는 효과적으로 대처하여 주변 지역을 적절히 관리한 듯하다. 377년 《자치통감資治通鑑》)과 381년(《삼국사기》,《태평어람》에는 그 이듬해) 내물은 전진에 사신을 보내 조공했다. 두 번째 입조 때 전진 국왕 부견 苻堅이 사신 위두에게 해동의 사정을 묻자 위두가 "중국과 마찬가지로 시대가 달라지고 명호가 바뀌었다"*고 답한 데서 경주 안팎의 정세를 읽을 수 있다.

397년 북변의 하슬라阿瑟羅(강릉)에 가뭄이 들고 누리(우박)의 재해가 일어 흉년이 들고 사람들이 굶주렸다.** 이에 내물 마립간이 지역의 죄수를 사면하고 1년의 세금을 면해주었다. 1년 치 세금을 산정하고 감면한 것은 지역에서 조세를 정기적으로 걷고 있던 신라의 지배 양태와 하슬라 지역의 1년 치 세금이 없어도 지역을 관할할 수 있던 신라의 운영 능력을 짐작케 한다. 그 정도로 신라의 주변 지역 관리는 체계적이었다.

재위 46년째인 401년, 실성이 고구려에서 돌아왔다. 그다음 해 내물 마립간은 세상을 떠났다. 실성은 선왕의 무덤을 매우 크게 만들라고 명하고 장례를 아주 후하게 치렀을 것이다. 그래야

---

* 《삼국사기》 권3, 신라본기 3, 내물 이사금 26년 및 《태평어람》 권781, 사이부 2, 동이 2, 신라.
** 《삼국사기》 권3, 신라본기 3, 내물 이사금 42년.

박물관에서 신라사를 생각하다 ━━●

했다. 어쩌면 신라실에 진열되어 있는 전시품들 가운데 일부는 내물의 생사 그리고 실성의 의전에 의해 만들어진 물품일 수도 있겠다.

무덤에 들다

금령총에서 출토된 말 탄 사람 토기가 세 번째 방을 연다. 이 방은 신라실의 역사적 서사 가운데 핵심을 차지하는 마립간 시기의 문화상을 조명하고 있다. 신라실에서 조도가 가장 낮은 곳이라 많이 어둡다. 컴컴한 무덤 속에 들어선 듯한 기분을 느끼게 한다. 말 탄 사람 토기는 걸어 나갈 방향을 가늠하기에 적당한 자리에 앉아 있다. 토기는 금령총 내 망자와 가까운 동측 부장상자 속에서 발견되었다. 말은 백魄에서 분리된 망자의 혼魂이 사후의 목적지로 갈 때 길을 잃지 않도록 경로를 안내하는 역할을 맡았을 것이다. 말을 탄 두 사람은 무덤 주인과 하인 혹은 주인의 안내자들로 보인다.

조금 전 지나온 방의 마지막 진열장, 그러니까 1908번 진열장의 전시품은 오리 모양 토기들이다. 이사금 시기 후반인 3~4세기대 영남지방 각지의 지배층 무덤에는 새 모양의 주전자가 묻혔다. 새 모양 주전자는 당시 경주와 연결된 일정 권역의 주민들이 공유한 사후관과 밀접한 관계가 있다. 《삼국지》에 사람들이 장례

[그림 8] 오리 모양 토기

오랫동안, 산 사람들은 떠난 사람이 자신에게 불가능한 일들을
할 수 있다고 믿어왔다. 영혼이 존재하며, 죽음으로 체백을 떠난다는 생각도
그러한 믿음에서 나왔다. 같은 믿음에서, 영혼을 이끌며 도울 새를 빚고
세우는 마음이 떠오르지 않았을까.
ⓒ 옥재원

[그림 9] 말 탄 사람 토기
어느 순간부터 영혼을 이끌어왔던 새가 무덤 속에서 모두 떠나 날아가버리고
그 역할을 말이 대신한 것 같다. 나라의 가장 큰 무덤들에서 일어난 변화라,
새로운 사고방식은 정치와 사회의 전언일 것이다.
ⓒ 옥재원

에서 망자가 날아갈 수 있도록 큰 새의 깃털을 사용했다는 변진 사회 풍습에 관한 기록이 있는데,[*] 훗날 이 새의 역할을 말이 대신하게 된 것은 아닐까. 존재의 교체로 새로운 시기가 시작되는 느낌이 또렷하다.

말 탄 사람 토기를 따라 들어온 방에는 금·은으로 만든 위세품이 많다. 스스로 빛을 내는 재질이며, 세월이 지나도 색을 잘 지킨다. 방이 무덤처럼 꾸며져 상대적으로 금·은의 빛깔은 더욱 두드러진다. 깜깜한 무덤 속 정해진 위치에서 크게 빛을 발한 위세품들을 매개로 사후의 현실을 경험하게 된다. 원료는 구하기 어렵고 가공이 복잡하며 세공도 까다롭다. 이런 성질에 사람들은 높은 가치를 매겼고, 이 값어치는 예나 지금이나 한결같다.

견뎌온 세월만큼이나 전할 말 많은 전시품들이 어두운 방을 채운다. 바스라지고 사라져버린 것들이 압도적이겠지만, 이렇게 간신히 살아남은 모습만으로도 전하는 감동이 묵직하다. 박물관에는 강고한 신분의 틀에 묶여 타의에 의해 노동력을 쓴 장인들의 명작이 많다. 세상에서 소멸한 이들의 성의와 기예가, 당대 국가 기록에 함부로 낄 수 없었던 그들의 운명이 정확히 평가받아야 한다. 그들의 노동에 대한 경외심, 그것의 망각에 대한 경각심을 관람객들이 계속 느낄 수 있도록 전시가 만들어지고 교육도 뒷받침

---

[*] 《삼국지》 권30, 위서 30, 오환선비동이전 30, 한.

되어야 하겠다.

어두운 방에서 밝기로, 또 거리로 더 까마득한 이야기를 떠올려봤다. 가뜩이나 역사 기록이 부족한 상황에서 전시품들 그리고 그들을 이룬 사람의 정성들이 어렵게 남아 생각의 폭을 넓혀주니, 참 다행이라 싶다.

무덤을 열다

금령총은 1924년에 열렸다. 일제강점기의 일이다. 1900년 전후 일본인 연구자들이 경주의 고적과 무덤을 조사하기 시작했다. 대한제국 침탈을 이행하던 때 침탈 대상지의 각종 사회적·역사적 정보를 축적하려는 목적에서 진행된 사업이었다. 강점 이후, 일제는 역사학·고고학·인류학 등의 학문 분야를 기축으로 각종 정책과 사업을 통해 조선 통치의 당위와 일본의 민족적 우위를 강변했다.

조사는 진구神功 황후의 삼한 정벌 등 고대 한반도와 일본 열도 사이에 벌어진 일이 진실인 양 묘사되어 있는 《일본서기日本書紀》 속의 역사상을 실현하고 싶어 하는 일본 측의 기대와 연관되어 있었다. 고도古都 경주에 대한 일제의 관심도 승자의 우위를 정당화하고 경쟁의 근원을 합리화하는 데 학문을 활용하려는 의도였다.

이 의도는 특히 1916년 고적조사위원회가 설치되고 〈고적 및

[그림 10] 서봉총 금관 출토 장면

조선을 강점한 일제는 식민지 통치의 내력을 거슬러 고대에다 이어 붙일 작정이었으나,
그 뜻대로 이뤄지지 않았다. 그러자 신라의 한 무덤은 역사의 자리로부터 빗겨나
정치와 경제의 자리로 들어 식민지의 도시를 고치고 도시들을 잇는 계획에 오용되면서,
단단한 흙을 잃고 튼튼한 속을 드러내게 되었다.
1926년, 금관이 나온 서봉총의 현실이었다.
* 출처: 국립중앙박물관.

유물 보존 규칙〉이 제정된 이후 노골적으로 실행되었다. 일제의 관심이 경주 중심부의 돌무지덧널무덤으로 집중된 결정적 계기는 1921년 금관총의 '발견'이었다. 조선총독부는 자신들이 정식으로 조사하기 이전에 토사를 채취하던 주민들의 손을 타 노출된 유물들을 수집했다. 발굴 상황은 증언을 모은 정보들로 어렴풋이 복원되었다. 출토 유물의 취급을 두고 조선총독부와 주민 사이에 갈등이 일어나자 고적조사과가 신설되었다. 고적조사과는 조직 축소로 폐지되는 1924년까지 조사·연구를 맡았다. 이때 금령총(1924)·식리총(1924)이 개방되어 무덤 구조와 부장 양상이 어느 정도 규명되었다.

예산 부족으로 대형 무덤의 조사는 부진한 편이었다. 서봉총(1926)은 대구~부산 구간 철도의 궤도를 확장하는 공사 과정에서 경동철도 경주정차장의 기관고 증설 부지에 필요한 흙을 채토하다가, 데이비드총(1929)은 외부 자금을 지원받아 조사될 수 있었다. 예산이 영세한 상황에서 조선 고적 조사의 활성화를 목표로 1931년 조선고적연구회가 설립되고 경주와 평양에 연구소가 설치되었다. 연구소는 궁내성·일본 학술진흥회 등으로부터 기부금을 받아 운영되었다. 발굴조사는 주로 대형 돌무지덧널무덤 주변의 중소형 무덤에 한정되었는데 그조차 1937년 중일전쟁 발발 이후로는 명맥이 거의 끊기고 말았다.

이처럼 일제강점기 돌무지덧널무덤 조사는 역사의 형색을 갖춘 정치가 땅을 파헤친 사건들이다. 조사 내용과 결과가 정식 보고서로 간행된 건수도 손에 꼽는다. 발굴 자료와 출토 유물들은 일본 각 대학의 연구실·박물관과 수집가의 수장처로 흩어져버렸다.

정치적 의도와 비학문적 욕망으로 학문 연구의 의지와 그 성과를 폄하하거나 왜곡된 역사를 창출하는 시도들을 보았고 여전히 겪는다. 이런 시도는 목적을 달성하기는커녕 그 과정조차도 갈피를 못 잡고 길을 헤매기 십상이다. 일제는 경주의 돌무지덧널무덤 발굴을 통해 일본 우위의 고대 한일 역사상을 입증하고 싶었겠으나, 마침내 도달한 결론은 그것이 허상에 불과하다는 사실이었다.

금관을 둘러싼 어처구니없는 이야기

이쯤에서 서봉총에 관련된 사건 두어 가지를 지나칠 수가 없다. 하나는 1926년 발굴 당시의 일이다. 당시 고이즈미 아키오小泉顯夫 등의 일본인 학자들로 구성된 발굴단은 방일 중이던 스웨덴의 구스타프 황태자가 장차 중국으로 가는 길에 조선에 들러 발굴조사 중인 신라 고분을 참관할 예정이라는 소식을 전해 듣는다. 이에 발굴단은 조사 중인 곽내 부장품들 중에서 금허리띠에 속되는 몇 가지 장신구를 남겨두고 황태자가 직접 수습하도록 할 정도로 치밀하게 응대했다.

이렇게 일제의 암울한 정치적 선전 수단으로 활용되는 통에 서봉총의 학술적 조사 가치는 얼룩지고 말았다. 조선의 강제병합

[그림 11] 서봉총 금관

관은 머리를 두르는 쓰개이다. 신라의 관에 대해서는 주로 이를 어떻게 썼으며,
또 무엇과 썼을지가 호기심의 관건이 되고 있다. 서봉총 금관에는 관테 안쪽으로
앞뒤와 양옆을 잇는 두 개의 가는 금판이 달렸다. 이 둘은 구부러진 꼭대기에서
서로 엇갈리며 만난다. 사람이 그 관을 머리에 쓴다면, 꼭대기는 정수리 위에 얹히고
관테는 이마를 지날 것이다. 반면에 금령총과 천마총의 금관 등은 무덤 속에서
관테가 주인공의 얼굴을 덮을 만큼 내려온 상태로 발견되었다.
이 모습으로 신라 관이 얼굴을 가리는 덮개로도 쓰였겠다고 보기도 한다.

* 출처: 국립중앙박물관.

이후 조선총독부의 충실한 기관지로 발간되었던《매일신보》는 이 사실을 1926년 10월 12일 자에 게재했는데, 기사 제목과 부제가 〈발굴하신 무명총에 〈서봉총〉이라 어명명 경주의 남기신 전하의 발자최 광영은 무명총에까지 밋지다 경탄할 고물감상안〉이다. 가관이다.

또 한 사건은 금관을 두고 일어났다. 출토 당시 서봉총 금관의 관테에는 여섯 개의 경옥제 곱은옥이 매달려 있었다. 이는 1934년 촬영된 금관 사진[*]에서 확인된다. 그런데 1939년 12월 19일의 등록 기록을 보면, 금관은 본관 14319번으로, 곱은옥 넉 점은 본관 14338번으로 나뉘어 기재되었다. 곱은옥 넉 점이 금관에서 분리된 결과였다. 금판(십자형띠)도 원래는 관테에 금 못으로 고정되어 있었으나, 어느새 관테의 다른 위치에 금실로 고정되어버렸다. 1934년에서 1939년 사이에 서봉총 금관을 변형시킨 일이 일어났던 것이다.

서봉총 금관 손상은《조선일보》가 1936년 6월 23일 〈무엄패례의 차난거 기녀 두상에 국보 금관 연구 명목 아래 불근신한 희롱 평양박물관장의 대실태〉라는 기사를 통해 맹비난한 '그' 사건 때문일 개연성이 크다. 1935년 9월 평양 부립박물관이 제1회 고적 애호일을 기념하기 위해 서봉총 특별전을 준비하면서 총독부박

---

[*] 조선총독부 유리원판 340005번.

물관으로부터 서봉총 금관을 대여했다. 그런데 전시 개최 직전, 박물관장이 기생을 박물관으로 불러 금관을 씌우고 금허리띠를 두르게 했다. 이 관장이 서봉총 발굴조사의 책임자이자 조사 때 스웨덴 황태자를 극진히 맞았던, 바로 그 고이즈미 아키오다.

왜 굳이 기생을 불러 유물을 착용시켰냐는 질의에 관장은 연구 자료로 쓰기 위한 목적에서 추진했고, 보고서를 제출할 때 유품의 사진만 수록하기보다 사람에게 씌워놓는 것이 더 효과가 있을 것으로 생각했으며, 보통의 평양 여성은 긴 치마를 입지 않기 때문에 기생을 선택했다고 해명했다. 대답을 마무리하며, 사진을 박물관에서 찍어 외부로 가지고 나갈 리가 없는데 가짜가 아닌지 반문했다. 문화의 보편적 가치를 망각하는, 식민지의 문화유산을 천대하는 유체이탈 화법을 여기서 본다.

우리 손으로 이뤄진 호우총 발굴

일제강점기 조선이 빼앗겼던 것은 '들'만이 아니었다. 서봉총은 1926~1929년 동안 발굴·조사되었지만 조사 기록도 없고 보고서도 간행되지 않았으며 출토 유물은 시련에 휩싸였다. 2014년 국립중앙박물관은 유물 정리 성과를 정리하여 《서봉총 Ⅰ(유물편)》을 간행했다. 이를 기반으로 유물이 나온 유구를 보다 정확하게 파악하기 위해 2016년부터 2017년까지 서봉총을 다시 발굴, 조사했다. 이때 무덤의 정확한 규모와 구조, 제의시설 등을 확인하고 200여 점의 유물을 새롭게 발견해서 구체적인 정보를 추가했다. 그 결과를 2020년 《서봉총 Ⅱ (재발굴 보고)》에 담았다. 국립박물관은 일제가 방관한 학문적 사명을 이렇게 완수했다. 해방 직후인 1946년부터 짊어져온 임무였다.

다시 과거로 가본다. 1945년 8월 15일, 해방을 맞아 새로운 사회 건설에 대한 열망이 나라 안을 가득 채웠다. 역사 연구도 '식민사학 극복'이라는 시대적 과제 해결을 위해 주체적이고 실증적인 학문 기조로 기울었다. 이 같은 사회 분위기 속에서 새롭게 출범한 국립박물관은 예산과 인력 부족이라는 현실 속에서도 전시·조사·연구 분야에서 학예 능력을 키우고자 애썼다. 그 주요 방편이 고적 조사였다.

1946년 5월 국립박물관은 자력으로는 처음 학술 발굴조사를 단행했다. 노서동의 140호 무덤이었다. 이 무덤에서 명문 '을묘년국강상광개토지호태왕호우십乙卯年國罡上廣開土地好太王壺杆十'이 기재된 청동그릇이 출토되면서 무덤 명칭이 '호우총'으로 결정되었다. 현재 그릇은 박물관 고구려실에 보관되어 있다. 사료·자료가 늘 모자란 고대사 연구의 형편 속에서 묵직한 증거로 활용되고 있다. 이런저런 의미가 많은 최초의 조사는 이렇게 한국 고고학사에서 그리고 역사 연구에서 여러모로 중요한 시도가 되었다.

국립박물관의 결정으로 140호 무덤을 호우총이라 명명한 것도 끼법기 않은 의미가 있다. 경주 중심부 무덤들의 일련번호는 일제강점기 조선총독부의 주도로 추진된 조선 고적 조사사업에 따라 지역 내 주요 무덤의 분포 현황이 파악되는 과정에서 지정된 것이다. 특히 1924~25년에 걸쳐 경주 지역 무덤의 분포도가 작성될 때 주목되는 무덤들이 실측·등록되었는데, 이때 기입된 번호로 파악되고 있다. 타의로 결정된 140호, 훗날 98호와 155호라는 명칭을 해방 이후 각각 호우총, 황남대총, 천마총으로 고친 것은 학문 차원을 넘어서는 역사 복구의 가치가 있다.

국립박물관은 자력으로 발굴조사를 끝내고 1948년《호우총과 은령총》조사보고서를 펴내 학술조사의 책무를 다했다. 이때 31쪽에 이르는 영문 초록도 수록했다. 스스로 이룬 소중한 성취를 세계에 알리고자 한 것이다. 꽤 훌륭한 첫 단추였다.

2장 관련 주요 전시품과 정보

진열장 번호	소장품 명칭	전시 정보
1908	오리 모양 토기	– 울산 중산동 ǀ 1991년 발굴 – 삼국시대(신라) 3~4세기
	오리 모양 토기	– 경북 경산 조영동 ǀ 1988년 발굴 – 삼국시대(신라) 3~4세기
1909	말 탄 사람 토기 –주인상	– 경북 경주 금령총 ǀ 1924년 발굴 ǀ 국보 – 삼국시대(신라) 6세기
1910	말 탄 사람 토기 –하인상	– 경북 경주 금령총 ǀ 1924년 발굴 ǀ 국보 – 삼국시대(신라) 6세기

박물관에서 신라사를 생각하다 ━━●

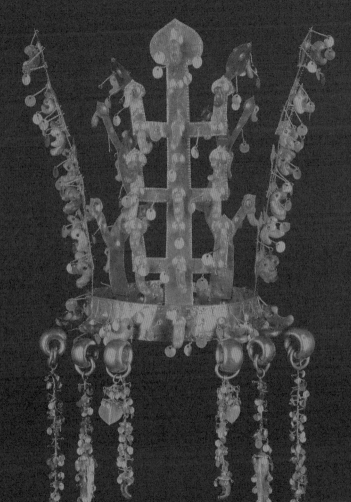

03

전시품이 담은 마립간의 권력

다시 무덤을 열다

한동안 잠잠했던 대형 돌무지덧널무덤 조사는 지금으로부터 50년 정도 거슬러 올라간 때에 재개되었다. 1971년 6월 정부는 '경주 관광종합개발계획'을 수립한 후 11월에 그 방안을 정리하여 《경주 관광종합개발계획》을 발간했다. 주요 골자는 경주 지역의 주요 사적을 14개 지구 및 기타 문화재 권역으로 구분하여 구역별로 사업 계획을 마련하고 그 일원을 정비해서 관광산업의 성장과 개발 효과를 달성한다는 것이었다.

그 가운데 경주 중심지의 대형 돌무지덧널무덤 발굴조사와 긴밀하게 연계되는 계획이 미추왕릉지구 사업 방안이다. 부지 매입, 경관 미화, 편의시설 확충 등 일련의 추진사업 내용 중에서

"고분 2기 정도 발굴하고 내부를 그대로 보존 공개하여, 내부 구조 및 유물 출토 상황을 원상대로 볼 수 있도록 하여, 일종의 야외 박물관으로 한다"는 항목이 눈에 띈다.

남북으로 두 개의 무덤이 연접되어 그 자체로 규모가 거대한 98호분은 이 계획이 실제로 이행되는 첫 단계부터 큰 관심을 받았다. 이때 발굴조사를 맡게 된 조직이 '불국사 발굴조사단'이었는데, 조사단 측은 곧바로 초대형 무덤을 조사하기가 부담되니 그에 앞서 경험을 쌓을 필요가 있다고 판단했다. 대안으로 사업 당국에 155호분을 먼저 조사하겠다고 건의하여 승인을 받았다.

1973년 4월 6일 문화재위원회의 의결과 조직 개편을 거쳐 결성된 '경주 미추왕릉지구 발굴조사단'이 155호분을 조사하기 시작했다. 무덤을 발굴하는 도중에 대통령이 현장을 직접 방문하여 98호분의 연차 발굴과 내부 공개를 지시할 정도로 정권의 기대감은 매우 컸다. 게다가 조사 성과도 상당하여 후속 조사의 성공을 바라는 긴장감까지 크게 고조되었다.

이 같은 분위기를 타고 98호분의 발굴조사가 이어졌다. 조사는 북분의 봉토 제거 작업이 착수된 1973년 7월부터 남분의 조사가 완료된 1975년 10월까지 약 2년 4개월여 동안 진행되었다. 비록 정치적 요청에 호응한 노력이었으나, 해방 이후 꾸준히 축적된 조사 역량을 쏟고 아울러 1971년 공주 무령왕릉 긴급 발굴 과정에서 일어났던 과오를 반면교사 삼아 이룬 성과였다. 당시로선 최선을 다한 과정을 통해 황남대총이 닫힌 그대로 세상에 열려,

역사의 한 장면이 원상대로 재현될 수 있었다.

황남'대'총의 권력

황남대총은 마립간 시기 지금의 경주시 황남동에 조영된 '큰' 무덤이다. 앞서 말한 대로 1920년대 중반, 조선총독부는 오늘날의 대릉원 일대에 분포하고 있는 신라 무덤들의 현황을 파악하면서, 무덤마다 일련번호를 부여했다. 번호는 땅 위로 드러난 무덤 위주로 총 155기에 붙여졌다. 황오동 1호분에서 황남동 155호분(천마총)까지다. 이때 98호로 지정되었던 무덤이 황남대총이다.

황남대총은 1976년 7월 26일에 개최된 문화재위원회에서 새로운 명칭을 얻기 전까지 98호로 불렸다. 1973~1975년 동안 진행된 발굴조사에서 주인공들의 실명에 관한 정보가 전혀 발견되지 않아, 무덤 명칭은 ○○'릉'이 아니라 황남대'총'으로 결정되었다. 신라 무덤의 특징이다. 좀처럼 주인공의 이름을 밝히지 않는다. 앞으로 이행될 수 있는 남은 무덤들의 발굴조사에 희망을 걸어본다. 백제의 무령왕릉처럼 무덤 속에서 실존했던 지배자의 이름이 단 하나라도 발견된다면, 그와 동반될 문화상은 그 전후의 시간을 명확하게 가르는 눈금이 되어 상상만 했던 과거가 단정해도 좋을 현실이 될 수 있다. 마립간 시기에 조성된 무덤들의 시점을 보다 정확히 가늠할 수 있을 것이다. 현재에도 경주 곳곳의 무덤들이 꼼꼼하게 조사되고 그 성과는 영상과 문서 등으로 하나하나 상세히 소개되고 있다. 무엇보다 조사 인력의 역량과 기술 수준이 뛰어난 데다 발견의 분위기도 고조된 터라 마립간 시기의 아득한 역사가 점차 뚜렷해질 수도 있겠다고 기대하게 된다.

황남대총은 남북 방향의 무덤 두 기가 의도적으로 연결된 무덤이다. 남북 길이는 120미터, 동서 지름은 80미터, 남분 높이는 21.9미터, 북분 높이는 22.6미터에 이르는 초대형 무덤이다. 무덤 규모·구조, 부장 수준·수량이 신라 돌무지덧널무덤 가운데 단연코 으뜸인 만큼, 무덤의 주인공들은 살아생전 나라에서 가장 중요한 인물이지 않았을까 싶다. 출토된 금제 복식들의 화려한 면면만 봐도 그들의 신분과 지위를 의심할 여지가 없다.

남북으로 이어져 완성된 무덤은 두 주인공 사이의 긴밀했던 생전 관계를 드러낸다. 금관이 발견된 북쪽 무덤의 주인공은 명문 '부인대'가 새겨진 은제 허리띠를 비롯한 각종 부장품의 구성으로 보건대 여성일 것이다. 같은 관점에서 보면, 남쪽 무덤에서 출토된 부장품들의 구성, 예를 들면 착용 복식과 착장 기물의 유형, 대량의 무기와 마구, 철기들의 높은 비중 등은 무덤 주인공의 성별이 남성임을 가리킨다. 성별에 대해 아주 유력한 증거가 또 있다. 남쪽 무덤에서 발견된 유골의 일부를 감정했는데, 60세 전후의 남성으로 나왔다. 무덤 및 부장 양상의 여러 근거로 남쪽 무덤의 주인공은 마립간, 북쪽 무덤의 주인공은 그의 비로 파악되고 있다. 남쪽 무덤이 먼저 만들어졌고 무덤의 일부를 가르며 북쪽 무덤을 덧붙였으니, 남성이 여성보다 먼저 세상을 떠난 셈이다.

황남대총은 사례가 많지 않은 대형 돌무지덧널무덤의 조영 과정을 보여준다. 외형은 흙무덤이나 속은 곧장 바깥이 점토로 밀봉된 적석층이 나무로 지은 목곽을 단단히 감싼다. 목곽은 하나의 집처럼 가구를 이루며 망자를 담은 목관과 주요 부장품들을 품는다. 무덤 밖에서 안으로 드는 길이 없고 큰 냇돌[*]들이 무덤을 닫는 구조라, 도굴은 어림도 없다. 무덤이 얼마나 견고했는지 그의 비조차 망부가 안장되어 있는 곳에 나란히 안치될 수 없었다. 여러모로 노역을 맡은 사람들의 고생이 상당했을 것이다. 하지만 무덤 조영 현장은 노역에 동원한 사람들을 공고한 신분질서에 정서적으로 순응시키는 산 교육장으로 기능했을 것이다.

노역은 과대했으며, 지배자의 자연스럽거나 갑작스러운 죽음들 전후로 장기간 이어졌다. 《북사北史》의 신라 기록에 따르면, 주검은 널에 넣어 기리고 장송은 무덤에서 시작되며, 국왕을 비롯하여 부모와 처자가 세상을 떠나면 1년 동안 상복을 입는다고 한다.[**] 짐작하던 국왕의 죽음은 느닷없이 떠난 국왕의 사망보다 감당해야 할 날이 더 길었을 것이다.

단순히 무덤을 짓는 작업으로 부담이 끝나는 것이 아니라, 여러 부문의 장인들이 무리를 이룬 채로 분주하게 토기를 빚고 철기

---

[*] 오랜 시간 냇바닥이나 냇가에 있으면서 물에 씻기기도 하고 다듬어지기도 한 돌.
[**] 《북사》 권94, 열전 82, 신라.

를 두드리고 용기를 다듬고 장신구를 꿰었다. 누구는 죽음과 동시에 화려한 안녕에 드는데 누구는 여러 해 그 죽음과 얽혀 온힘을 쏟아야 했다. 남쪽 무덤 곳곳에서 나온 출토 유물의 수량이 2만 6,000여 점, 북쪽 무덤에서 나온 유물의 수량은 3만 5,000여 점이 넘는데, 무덤 둘을 가득 채운 한 점, 한 점이 장인 아무개들의 땀이고 힘이다.

마립간이라 해도 무리가 없을 60세 전후 남쪽 무덤 피장자의 정체를 규명하려는 연구자들의 관심은 지대하다. 특히 갖가지 시간의 물질 증거들이 풍성하게 부장된 황남대총은 신라 무덤 고고학 연구와 연대 설정 문제에서 매우 중요한 지표이기도 해서 더욱 그러하다. 연구자 사이에서 황남대총이 마립간의 무덤이라는 점에 대한 의심은 거의 없다. 논쟁은 피장자가 '마립간 가운데 누구인가'라는 의문에 맞춰져 있다. 47년간 재위한 내물 마립간, 16년간 재위한 실성 마립간, 42년간 재위한 눌지 마립간, 22년간 재위한 자비 마립간, 22년간 재위한 소지 마립간, 그리고 64세에 왕위를 이어받은 지증 마립간, 그들의 출생 연도만 분명해도 유골이 알려주는 연령과 생몰년을 연관 지어볼 만한데, 이조차 바라기 어렵다.

무덤의 형식과 구조의 특징, 토기·마구·장신구·외래 물품 등의 특성을 중심으로 각각의 시간적 변화 양상 위에서 무덤의 주인공이 누구인지를 간접적으로 추정하는 의견이 조심스럽게 나오고 있다. 의견은 크게 세상을 떠난 때가 402년인 내물 마립간,

417년인 실성 마립간, 459년인 눌지 마립간 셋으로 좁혀져 있다. 황남대총의 전체적인 특징에서 드러나는 무덤의 축조 공정, 동원 인력, 부장 물품의 충족, 장송 의례 등 조영 과정 전반을 제한적이나마 문헌 사료와 대조해서 피장자를 추적해나가야 할 것이다. 즉 황남대총 남쪽 무덤의 규모와 구조, 부장의 수량과 수준에는 김씨 집단이 집권하여 마립간 지위를 독점하면서 권력을 모으고 하나의 지배질서를 구축해갔던 과정, 고구려·중국·서역 및 왜 등 외부 사회와의 교류를 통해 이룬 성취와 당시의 사회 상황, 그리고 집권세력의 무덤 조영 의도가 일정하게 내재되어 있다.

특히 마립간과 그의 혈족 집단은 단독으로 권력을 독점하며 높인 위상과 권위를 정치적 차원뿐만 아니라 이념적 차원으로도 강조하고, 이를 축으로 사회 구성원들을 경직된 지배질서에 묶기 위해 거대한 기념물들을 연속으로 지어갔을 것이다. 금·은 같은 희소 금속을 가공·합금하여 제작한 관·귀걸이·목걸이·허리띠·신발 등의 장신구를 소유하면서, 지배층 내부의 구성원에게 지위를 가려 사여賜與한 것도 거대한 무덤을 짓는 목적을 사람의 몸에 빈틈없이 꼼꼼하게 적용한 전략으로 생각된다.

정치적 대세 속의 일시적 갈등

거대한 무덤의 주인공들, 그들 사이에는 갈등이 있었다. 특히 실성과 눌지의 대립이 아주 심했다. 《삼국사기》와 《삼국유사》에는 눌지가 실성을 죽였다고 기록되어 있다.[*] 언뜻 보면 쌓이고 쌓인 원한 탓인 듯하다.

내물 마립간은 재위 37년에 고구려와의 관계 강화를 위해 실성을 볼모로 보냈다. 이후 실성이 신라로 돌아와 마립간이 되자, 볼모로 가게 됐던 원망을 내물의 아들 눌지에게 풀고자 했다. 이에 고구려에서 체류할 때 인연을 맺은 사람을 움직여 눌지를 죽이려 들었다. 그러나 그가 눌지에게서 군자의 풍모를 느끼고 계획을 고쳐 실성 마립간의 계략을 눌지에게 발설하고 말았다. 이 사실에 원망을 품은 눌지는 결국 마립간을 죽이고 스스로 즉위했다.

실성은 알지의 후손이며, 이찬伊飡 대서지大西知의 아들이다. 《삼국유사》에서는 대서지를 미추 이사금의 아우라고 했으니,[**] 실성은 내물 마립간에게 매우 가까운 인척임이 분명하다. 어머니는 석씨 이리伊利부인이다. 부모의 정보를 근거로 실성의 즉위와 퇴위를 확대해석할 것까지는 없을 듯하다. 그도 어디까지나 굳건한 김씨 집단의 주요 인물이었기 때문이다.

내물 마립간이 죽자 그 아들이 어려서 나라 사람들은 실성을 세워 왕위를 잇도록 했다. 이때의 평가일 듯싶은데, 실성은 키가

---

[*] 《삼국사기》 권3, 신라본기 3, 눌지 마립간 즉위년 및 《삼국유사》 권1, 기이紀異 1, 제18대 실성왕.

[**] 《삼국유사》 권1, 왕력, 제18대 실성 마립간.

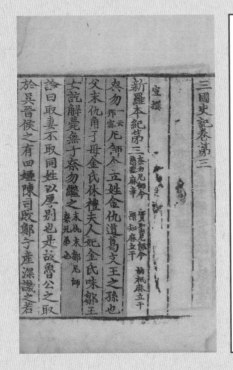

[그림 12] 내물 이사금 즉위 기사
내물 이사금은 구도 갈문왕의 손자이며,
말구 각간과 휴례부인의 아들이다. 미추 이사금의 딸과 혼인했다.
흘해 이사금이 아들 없이 세상을 떠나자 왕위를 이었다.
자신과 직계 일가가 모두 '김金'씨라는 사실이 거듭 반복되고 있다.
* 출처: 《삼국사기》 정덕본(1512).

7척 5촌으로 큰 데다 사리에 밝고 멀리 내다보는 인물로 인식되어 있었다. 현실을 제대로 파악하면서 국정을 잘 운영해나가야 하는 국왕의 자격으로 현재와 미래에 밝은 능력을 갖춘 유력자라면 얼마나 적합한가. 그러니 나라 사람들이 실성을 세워 왕위를 잇도록 했을 것이다.

《삼국사기》는 그저 "내물이 죽고 그 아들이 아직 어렸으므로 나라 사람들이 실성을 세워 왕위를 잇도록 하였다"고 전한다. 역사에서 가정이 얼마나 무의미한지는 익히 알고 있지만, 만약 내물이 세상을 떠났던 때 아들이 장성한 나이였다면 나라 사람들은 그 아들을 순탄히 선택했을지 문득 궁금해진다.

역사에서 국왕에 대해서는 모호하고도 양면적인 표현들이 많고 최초와 최종 평가가 다른 사례들도 적지 않다. 국왕이 권력을 완전히 제어하고 신하들에게 온전히 나눠주기란 쉽지 않다. 이 때문에 국왕 주변에는 늘 추종자와 대립자가 들끓는다. 대비되는 표현들과 평가들에 대해 행간에 주목하면서 유연하게 해석해야 하는 이유이다.

결국 상대방의 격멸을 목표로 삼은 대립과 대결은 아니었을 것이다. 사리에 밝고 멀리 내다봤던 실성과 심신에서 군자의 풍모를 띤 눌지의 대결은 손익에 기민한 집권 집단 구성원 간의 불가피한 정세를 압축하는 듯하다. 공동의 지위와 소속 혈족 집단의 권력은 굳건히 보전되었다. 그래서 실각한 실성이었다고 해도 마립간의 지위에 걸맞은 큰 무덤 속에서 죽음 이후의 안식을 누렸을

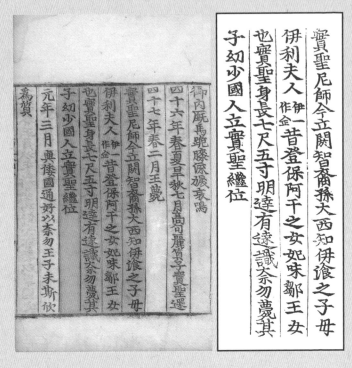

[그림 13] 실성 이사금 즉위 기사

실성 이사금은 알지의 후손이며, 이찬 대서지와 이리부인의 아들이다.
이리부인은 아간阿干 '석탈' 등보登保의 딸이다. 미추 이사금의 딸과 혼인했다.
키가 크며, 사리에 밝고 통달하여 앞일을 멀리 내다보는 식견을 지녔다.
내물 이사금이 세상을 떠날 때 그의 아들이 아직 어려서, 나라 사람들國人은
실성을 세워 왕위를 잇게 했다. 나중에 눌지와 겪게 될 갈등을 미리 내다보지 못한 건지,
내다봤지만 막을 수 없었던 건지, 이 또한 사회 상황과 사람 관계로 풀 과제이다.

것이다. 실성 마립간의 딸은 눌지 마립간의 왕비였다. 그녀도 삶의 최후에는 커다란 무덤 속에서 별 탈 없이 생의 지위를 유지했을 것이다.

관념의 정치에서 현실의 정치로

실성 마립간에 이어 즉위한 눌지의 권위와 보살핌은 왕비의 안락한 삶과 평온한 죽음에 영향을 미쳤을 것이다. 눌지가 마립간이 되어 자신을 아버지의 자리에 정치시킨 이후 한동안 내물의 직계 자손들이 마립간 위에 올랐다. 눌지 마립간은 재위하는 동안 백제와의 거리는 좁히고 고구려와의 거리는 제법 늘렸다. 고구려와의 대립은 작정한 것이었다. 450년 하슬라성 성주 삼직三直이 실직의 들에서 사냥하던 고구려 변경의 장수를 불의에 공격해 죽였다.[*] 마립간이 사과하여 사건이 덮이긴 했지만, 삼직의 공습은 마립간의 의사였거나 마립간의 의중을 읽은 행동이지 않았을까 싶다. 《일본서기》에는 고구려 국왕이 우호를 맺은 신라에 날쌘 군사 100명을 보내 지키도록 했는데, 그중 한 사람이 신라 정복을 예견하는 바람에 464년 마립간이 집안에서 기르는 수탉, 곧 고구려군

* 《삼국사기》 권3, 신라본기 3, 눌지 마립간 34년.

073

을 치도록 명령했다는 일화가 보인다.[*]

눌지 마립간에게는 즉위 이전부터 왜와 고구려에 볼모로 가 있던 아우들을 돌아오게 해야 할 난제가 있었다. 눌지 마립간은 이를 해결하는 데 적합한 인물을 천거 받으려 했다. 이 과정에서 현명하며 지혜가 있다고 알려진 수주촌간水酒村干 벌보말伐寶靺과 일리촌간一利村干 구리내仇里迺, 이이촌간利伊村干 파로波老 세 사람을 불러 모아 조언을 구했다. 이들은 마립간에게 변경 지역에서 교섭 능력을 입증받은 박제상朴堤上을 추천했다. 박제상은 등용된 후 자신을 희생해가면서 마립간의 두 아우인 미사흔未斯欣과 복호卜好를 귀환시켰다.[**] 이때 그들은 신라의 주변 지역 지배 전략에 따라 경주에 체류하던 중이었을 것이다.

당시 신라 사회에서는 신분·지위의 차등, 출신 지역의 차별을 기준으로 정치·사회적 권리가 엄격하게 구분되고 있었다. 이런 흐름에서 한편으로 경주의 지배층은 차등과 차별이 제도로 완전히 정립되지 못한 틈을 타고 주변 지역 지배의 효율을 높이기 위해 경쟁을 조정하거나 귀속을 절충했다. 이는 신라의 성립 이후 지속적으로 경주의 유력 집단들이 공동의 이익을 위해 권력관계를 맺고 협의로 이 관계를 유연하게 유지해온 이력의 연장이기도 하다.

---

[*] 《일본서기》 권14, 대박뢰유무천황大泊瀨幼武天皇 웅략천황雄略天皇 8년.
[**] 《삼국사기》 권45, 열전 5, 박제상.

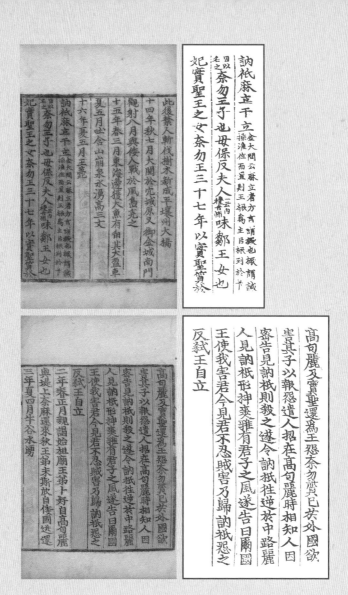

[그림 14] 눌지 마립간 즉위 기사

눌지 마립간은 내물 이사금과 보반保反부인의 아들이다. 실성 이사금의 딸을 왕비로 맞았다. 앞서 내물 이사금이 실성을 고구려의 볼모로 삼았고 실성은 왕이 된 후그 원망을 내물 이사금의 아들 눌지에게 풀어 죽이고자 했다. 그 일을 맡은 고구려사람이 눌지의 외모와 정신에서 군자의 풍모를 살피고 실성 이사금의 계략을 털어놓았다. 이에 눌지가 오히려 반격해서 실성 이사금을 죽이고 스스로 왕위에 올랐다. 즉위 기사가 제법 긴 만큼 정치의 사연이 깊다.

참여 폭으로만 보면 협의는 육부 등 경주의 한정된 세력만이 개입할 수 있었다는 점에서 제법 폐쇄적인 의사결정 방식일 수 있다. 반면 어느 정도 협의 구성원 사이에서 의견이 교환될 수 있는 의사 조율 방식이라 촌간村干들의 정무 참여처럼 필요에 따라서는 닫혀 있던 경계가 풀리기도 했던 것 같다. 이처럼 외부 사회의 공략에 대비하면서 그들과의 협력을 주도하기도 했던 눌지 마립간의 적극적인 행동은 곧바로 차기 마립간이 될 자비에게 중요한 동기를 제공했다.

자비 마립간은 집권 초반기부터 왜의 노략에 맞닥뜨렸지만, 즉위 전부터 외부 정세를 경험해서 혼란의 해소에 능숙했을 것이다. 이는 바다를 타고 들어오는 왜에 맞서 전함을 지은 것에서 짐작 가능하다.[*] 고구려의 움직임이 심상치 않자, 할아버지 내물 마립간이 제대로 관리했던 하슬라의 사람들 가운데 15세 이상을 정확히 끊어 성을 쌓도록 했다.[**] 무던하던 백제까지 아울러, 경주에서 바깥 공간의 상황을 들여다보는 마립간의 눈이 더욱 세밀해졌다. 성을 쌓는 작업은 무덤을 짓는 일과 마찬가지로 부리는 사람들을 나라의 운영 전략에 가둬두는 효과를 낸다.

경주에서 각지로 가는 주요 길목에 성들을 층층이 올렸다. 공격 전략뿐만 아니라 방어 대책도 치밀하여, 경험의 감각과 풍파

---

[*] 《삼국사기》 권3, 신라본기 3, 자비 마립간 10년.
[**] 《삼국사기》 권3, 신라본기 3, 자비 마립간 11년.

의 자극으로 다듬은 성돌은 두툼했고 들여쌓은 성벽은 강고했다. 470년에 쌓은 보은의 삼년산성三年山城은 1,500여 년이 지난 지금 디뎌도 견고하다. 신라 사람들은 돌을 다루는 데 일가견이 있었다. 거슬러 올라가면 거대한 무덤을 지었고, 후대로 내려가면 단단한 석불을 깎았다. 재료에 능란한 솜씨를 부리고 남는 여유로 미감을 펼치기까지 했다. 각지에 떨친 공간 기획력이 신라의 중심을 놓칠 리가 없다.

정치와 지리에서 주변의 안전은 중심의 안정과 표리관계에 있다. 자신이 우뚝 서 있는 경도京都, 곧 경주의 방리坊里 명칭을 정한 결정*도 나라 전체에 걸친 치밀한 공간 구상, 그러니까 수도의 정치적 편제 및 공간적 개발의 토대를 잡고 그 중핵에 자신을 세우는 체제를 구현하는 차원에서 이루어진 것이다. 이 조치로 신분과 지위가 높은 수도의 사람들 다수가 자신의 공간에 대한 장악력을 예전보다 잃게 되었다.

'비처毗處'로도 불린 자비의 큰아들 소지가 마립간 지위를 물려받았다. 어머니는 김씨로 서불한舒弗邯 미사흔의 딸이고, 왕비는 선혜善兮부인으로 이벌찬伊伐湌 내숙乃宿의 딸이다. 《삼국유사》에서는 소지의 아내가 기보期寶 갈문왕의 딸로 기록되어 있다.** 만약 두 사람이 동일인이라면 내숙은 기보 갈문왕일 가능성이 있

---

* 《삼국사기》 권3, 신라본기 3, 자비 마립간 12년.
** 《삼국유사》 권1, 왕력, 제21대 비처 마립간.

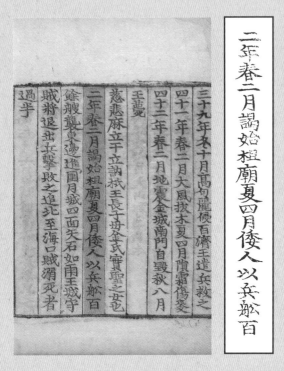

[그림 15] 자비 마립간 즉위 기사
자비 마립간은 눌지 이사금과 김씨 부인의 맏아들이다. 어머니 김씨는 실성 이사금의 딸이다.
간결한 즉위 기사는 안정된 계승 과정을 나타내는 듯하다.

다. 소지는 어려서부터 부모를 잘 섬겼고 겸손하고 공손한 마음으로 스스로를 지켜서 나라 사람들이 모두 감복했다고 한다. 소지의 인품에 관한 이 대목은 즉위 과정이 순탄했음을 짐작케 한다. 부모를 잘 섬겼던 만큼, 특히 아버지 자비 마립간의 국정운영 기조를 곧게 모셔 받들었다. 그러한 정성은 선대까지 두텁고 후하게 했을 것이다.

앞서 그의 할아버지인 눌지 마립간은 역대 원릉을 가다듬었다.[*] 마립간과 핵심 권력자들은 특수한 이념적 의도를 담아 일정 묘역 내에 대형 무덤을 연이어 짓고 특별한 인물들을 안장했을 것이다. 단독으로 정권을 잡고 권력을 모으면서 마립간을 지속적으로 배출하던 김씨 집단은 자신들의 권위를 정치적 차원뿐만 아니라 이념적 차원에서도 끌어올리고 이를 기축으로 사람들을 종속시켜야 했다. 이를 위해 그들은 높고 큰 기념물로 땅을 채우는 선택을 했다. 우러러 보이는 존재들에게는 사람의 의중을 누르는 위엄이 있다. 무덤의 힘은 나중에, 그 높이가 꽤 낮아진 때에 이르러 솟아나기 시작한 절과 탑으로 옮겨간 듯하다.

소지 마립간은 선대의 의도를 계승하여 나을奈乙에 신궁神宮을 세우고 제사를 지냈다. 나을은 시조가 처음 태어난 곳이다.[**] 이전까지 신라의 지배자들은 시조 묘를 친히 찾아 제사를 지냈다. 신

* 《삼국사기》 권3, 신라본기 3, 눌지 마립간 19년.
** 《삼국사기》 권3, 신라본기 3, 소지 마립간 9년 및 17년.

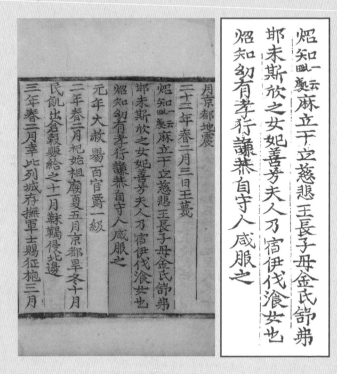

[그림 16] 소지 마립간 즉위 기사

소지 마립간은 자비 마립간과 김씨 부인의 맏아들이다. 어머니 김씨는 서불한 미사흔의 딸이다. 이벌찬 내숙의 딸 선혜부인과 혼인했다. 어려서부터 부모를 잘 섬겼으며, 겸손하고 공손한 마음으로 자신을 지켜 사람들이 모두 감복했다. 그러나 생의 마지막은 위태롭고《삼국유사》 불안하여《삼국사기》 자신을 놓친 것 같다. 몰래 아들을 얻었지만, 뒤를 이은 지증은 전왕의 아들이 없어 즉위했다고 전한다. 지키지 못한 사람이 자신만은 아닌 게다.

라를 성립한 주류로 공인받는 박씨 집단부터 이어온 나라의 전통이었다. 물론 소지 마립간은 신라의 대표자로서 내력 깊은 전통에 담긴 사회 정서를 해치지 않았다. 이미 시조의 사당에 제사를 거듭 지내고 사당지기 20가를 더한 바 있었다.[*]

다만 당시는 어느 정도 나라 내외의 정치 권력이 마립간과 김씨 집단 중심으로 집결되어가던 무렵이었다. 그래서 소지 마립간은 사람의 죽음에 필연하는 일시적인 무덤이 아닌 상시적인 기념물을 세워 그곳에 소속 혈족 집단의 권위를 배향하게 되면, 집권 주체의 위상과 여기서 비롯되는 지배질서를 꾸준히 강조하기가 이롭다고 판단한 듯하다. 이에 자신과 정치적으로 이어지는 시조가 탄생한 장소에 신궁을 과감하게 세웠을 것이다. 초대형 돌무지덧널무덤의 규모가 더욱 커지고 수가 증식되기보다, 크기는 점차 작아지고 구조도 단순해졌으며 부장 수준까지 약화되어가던 상황이었다.

소지 마립간은 분위기를 제대로 탔다. 2월에 신궁을 세운 후 3월에는 사방에 우편역郵驛을 처음 설치하고 담당 관청에 명하여 관도官道를 수리하도록 했다. 아버지가 공간적으로 구조화한 수도의 방과 리에 점을 찍고 선을 이어 수도의 외연을 외부로 확장했다. 점과 선을 따라 각지에 성을 더하고, 그 사이 주변 지역을

[*] 《삼국사기》 권3, 신라본기 3, 소지 마립간 7년.

직접 순행하면서 낱낱의 사정까지 살폈다. 중심과 주변을 보다 긴밀하게 결합하여 구조와 질서를 이룬 여러 면으로 공간을 나누는 지방 제도의 기반을 다져간 것이다. 이 487년 한 해만 살펴도 이념과 정치의 정책을 잘 엮었을 정도로 소지 마립간은 5세기 후반 균형 감각과 집중력을 유지하며 국정을 운영했다.

　물론 점차 이념 권력보다 정치 권력의 비중이 높아갔다. 정치 지형이 마립간을 으뜸으로, 그의 혈족 집단을 중심으로 보다 견고하게 맞춰지고 있었다. 대략 여기까지가 신라실 세 번째 방의 전시 개요이다.

금빛의 역설

죽음 너머의 길을 걷는 금령총의 말 탄 사람 토기를 지나면, 은관을 시작으로 신라 지배층의 각종 위세품들이 시선을 끈다. 그들은 금·은 등의 희귀 재료로 대관·모관·관꾸미개·귀걸이·목걸이·가슴 장식·허리띠·팔찌·반지·신발 등의 착용 복식과 칼·화살통 등의 착장 기물, 그릇·방울 등의 소품 등을 지녔다. 위세품은 지배층이 기본적으로 자신의 신분과 소속을 과시하고, 자기 지위와 권위를 그것의 소유가 거의 불가능했던 사람들과 확실하게 분별하는 데 효과적인 매체였다.

　권위로부터 권력이 행사되고 권한이 결정된다. 권위의 날카로

움은 사람의 말과 행동을 멎게 만드는 위압을 발한다. 권위 앞에서 긴장하게 되는 경험은 흔한 일일 테다. 넘볼 수 없는 권위가 생사여탈권까지 쥐고 있다면, 사람의 촉각은 마비될 수 있다.

신라실의 세 번째 전시실에 진열된 전시품들은 마립간 시기 신라의 핵심 지배층이 스스로를 과시하고 분별하는 데 활용했던 금공 위세품들이 주류이다. 특히 경주 바깥 공간의 사람들에게까지 시각적인 선전 효과를 전파하면서, 신라 우위의 정치관계를 유지하기 위해 해당 지역사회의 유력자와 주고받았던 위세품들도 전시되어 있다. 특정 종류의 전시품들로 신라 내외에 걸쳐 일정 기간 전개된 사람 사이, 공간 사이의 지배질서를 폭넓게 조망할 수 있는 장소가 이곳이다.

사실 삶에 근접한 자들이 부리는 권력이 훨씬 매섭다. 이곳에서 빛나고 있는 위세품의 소유자들, 곧 마립간, 그의 친인척, 그리고 추종자들의 권력은 애초부터 신라를 지탱한 수많은 사람의 삶과 거리가 멀다. 그만큼 이들만으로 마립간 시기의 신라 역사를 읽는다면, 본래의 역사상을 놓칠 가능성이 크다. 전시품을 마주하며 권력의 단속에 갇혀 막중한 고역을 감당했던 사람들의 노고를 돌이켜야 한다. 자신의 일생이 지배자를 위해 종사하는 일이라는 사실을 깨닫고도 헤어 나올 수 없었던 그들의 과거 지위와 삶의 빛을 다시 높여야 한다. 신라의 관을 볼 때, 장식을 연결하고 있는 금실을 주의 깊게 본다. 꼰 매듭에 만든 사람의 손길이 생생하게 살아 있어서이다.

마립간 시기는 그전까지 유력한 집단들로 흩어져 있던 사람의 혈연 신분과 정치 등급이 하나의 줄기로 거둬져 사람 사이의 지배 질서가 서서히 굳어간 때이다. 이 과정은 6세기에 들며 개막된 국왕의 시기에 제도로 완성된 골품제骨品制와 관등제官等制의 기반이 되었다. 마립간 시기 후반에 이를수록 관청과 관직을 매개로 권력망이 보다 촘촘하게 갖춰지기 시작했다. 그러면서 상징적이며 간접적인 차원의 이념 권력은 힘을 잃고 현실적이며 직접적인 차원의 정치 권력이 무게를 더해갔다.

이러한 분위기 속에서 사람의 신분과 지위는 기존의 물품이 아닌 행정 규정으로 구분했다. 돌무지덧널무덤의 조영 기세가 하락해가는 변화를 따라 금공 위세품의 상징성도 점차 빛을 잃어갔다. 마침내 귀금속을 대신하여 옷감이 사람의 높낮이를 규정했다. 법흥왕法興王 때의 일이다. 520년 국왕은 율령律令을 널리 알리고 처음으로 백관의 공복公服, 자색과 주색의 차례를 정했다.[*]

이 상황에서, 더는 금공 위세품을 만들 필요가 없게 되었다. 덕분에 금공 위세품을 만들었던 장인들이 조금은 숨을 돌렸을 법도 한데, 과연 시대가 애초에 공복으로부터 배제된 낮은 존재들에게 쉼을 허락했을지 의문이다. 그들은 자신들의 손을 잠시 스쳐갔던 허망한 금빛처럼, 변화한 세상 속에서도 안식을 누리지 못한 채

---

* 《삼국사기》 권4, 신라본기4, 법흥왕 7년.

반복되는 노역을 쫓아야 했을 것이다. 아무래도 금속의 복식을 이뤘던 업이 있어 다시 옷감의 복식을 다루지 않았을까 싶다. 금속이야 꽤 튼튼하여 만든 누군가의 손길이나마 지켜 내보인다. 반면 옷감은 몹시 유약해서 지은 사람의 정성까지 삭힌다. 장인의 손길을 볼 수 없어 아쉽다.

04
전시품 너머의 상상

은관 속의 암호

맞가지 세움 장식과 엇가지 세움 장식으로 구성된 금관은 마립간 시기 동안만 한정 제작된 위세품이지만 신라 역사 천년의 문화를 대표하는 상징물로 공인받고 있다. 제작 시점으로 보면 현재까지 발견된 금관들 가운데 황남대총 북쪽 무덤에서 발견된 금관이 가장 일찍 만들어졌다. 물론 향후 발굴조사를 통해 더 이른 시기에 제작된 금관이 발견될 가능성이 있긴 하지만 그리 높지 않다. 황남대총 남쪽 무덤 때문이다.

앞에서 커다란 봉분을 부분적으로 공유하는 두 무덤 주인공이 부부였으며, 두 사람 가운데 남편이 아내보다 먼저 세상을 떠났다고 말했다. 이 남쪽의 남편 무덤에서는 금관 대신 맞가지 세움 장식만 부착된 금동관 몇 점과 특이한 형태를 공유하는 은관·금동관이 출토되었다. 금관의 연대적 분포, 여기에 돌무지덧널무덤의 시간적 전개를 덧붙여 보면, 이른 시점에 지어진 황남대총의 남쪽 무덤과 북쪽 무덤의 조영 시점 사이에 금관의 전형이 탄생하는 계기가 있었던 것으로 보인다.

특히 눈에 띄는 시도는 재료를 순금으로 바꾸고 엇가지 세움 장식을 추가한 점이다. 아울러 맞가지 세움 장식의 양쪽 가지를 직각으로 고치는 작업, 은관과 금동관의 양측 세움 장식 끝에 새 깃털을 닮은 꾸밈을 표현한 기법 등도 주목된다. 여러모로 황남대총 남쪽 무덤의 구조와 부장 양상은 특정한 사회변동과 연동되는 문화로의 진입 지표로 삼을 만하다.

이런 점에서 비교적 형태가 온존한 은관이 꽤 중요하다. 재료도 특별하지만 형태에서 새 깃털 모양의 꾸밈이 예사롭지 않은 사실을 지니기 때문이다. 적긴 하지만 이와 유사한 양식이 있다. 중국 길림성 집안集安에서 출토되었다고 알려진 금동관 장식들과 북한 평양 청암리토성에서 출토된 금동보관, 개마총의 벽화 등에서 비슷한 모습이 확인된다. 경주와 지리적 선으로 연결되는 의성의 탑리 고분 Ⅰ곽에서 나온 금동관에도 같은 요소가 있다. 쉽게 짐작되듯, 이 양식의 연원은 고구려의 관에 있는 것 같다. 의성은 공간상 신라와 고구려 사이에 위치한 지역이어서, 이와 관의 장식 끝 양식의 유사성 사이에는 정치적·지리적 연관성이 있을 수 있다.

금동관의 단편적인 양식을 포함하여, 지배 수단으로서 금공 위세품을 제작하고 이를 신분·지위의 서열에 맞춰 하사하는 방식은 신라가 고구려와의 정치관계를 통해 습득한 경험에서 비롯되었을 것이다. 구체적으로 〈충주 고구려비〉를 보면, 신라 매금 곧 마립간은 고구려에 신속해서 의복을 하사받았다. 그 구성은 돌무지덧널무덤에서 흔히 발견되는 각종 부장품들처럼 고구려에서 제작된 몇 종류의 위세품들로 채워졌을 것이다.

거슬러 올라가면, 금공 위세품 제작과 사여의 역사적 단초는 황남대총보다 앞서 조영된 월성로 가−13호 무덤에서 찾을 수 있다. 이 무덤에서는 비교적 완숙한 제작 기법으로 완성된 금제 드리개·귀걸이·목걸이 등 여러 종류의 금공 위세품이 출토되었다. 같은 무덤에서 발견된 재갈과 유리잔, 그리고 월성로 가−5호 무덤에서 출토된 녹유호綠釉壺는 고구려 계통의 물품들이다. 두 무덤은 대략 4세기 중·후엽에 조영되었을 것으로 판단된다. 이는 특정 시기에 두 나라가 정치관계를 맺었다는 추정을 뒷받침한다.

게다가 무덤의 부장품은 주인공의 생애 행적을 반영한다. 이런 점에서 두 나라의 관계 체결 시기를 무덤의 조영 시점보다 앞당겨 볼 수 있다. 4세기 후반이면 신라가 고구려를 통해 전진에 사신을 파견하고[*] 고구려의 강성한 위력을 경계하며 정계의 핵심 인물인

---

[*]《삼국사기》 권3, 신라본기 3, 내물 이사금 26년.

실성을 인질로 보낼* 만큼, 두 나라의 관계는 긴밀했다. 월성로의 무덤들에서 나온 몇 가지 고고 자료는 4세기 전반부터 두 나라 사이에서 이어져온 통교를 보여준다.

고구려는 313년에 낙랑군을 공략하고** 314년에 대방군을 공략하면서*** 두 군을 흡수했다. 이후 이남으로 영향력을 확대하면서 신라와 통교한 것으로 보인다. 고구려의 전략은 남하 과정에서 백제와 경계를 맞대며 치열하게 충돌할 가능성에 대비해, 백제를 우회하면서 효과적으로 견제하려는 방안이었을 것이다. 이 전략이 이행되는 과정에서 고구려는 신라와 결연하게 되었고, 신라는 이 관계를 토대로 외연을 확장해간 듯하다.

상대적으로 열세에 있던 신라에서 발견되는 4세기대의 금공기술 수준은 매우 높다. 시기에서 이와 가까운, 경주 내외 여러 무덤의 부장 내용을 살펴보아도 월성로의 무덤과 견줄 만한 사례가 드물다. 그러니까 경주는 일정한 권역 내에서 금공 위세품의 집중 분포지였다. 4세기 초에 고구려가 두 군을 흡수한 이후 한반도 일대의 정세는 급변했다. 이런 상황에서 금·은은 나라와 나라 간, 나라와 주요 지역사회 간 지배관계를 매개하는 주요 재료로 자리매김했다. 이 시기 경주에 금공 위세품이 집중된 사실은 당대 신

---

* 《삼국사기》 권3, 신라본기 3, 내물 이사금 37년.
** 《삼국사기》 권17, 고구려본기 5, 미천왕 14년.
*** 《삼국사기》 권17, 고구려본기 5, 미천왕 15년.

[그림 17] 황남대총 남분 은관

은관 모양은 전형의 신라 관과 차이를 띤다.
이런 유형이 전형의 유행 기간 내에 만들어졌다면 파격적인 변형이겠으나,
대개는 시원 또는 퇴화 단계에서 만들어지는 편이다. 은관은 무덤의 연대와 마찬가지로
신라 관의 시간에서 이른 때에 만들어졌다. 관의 양측으로 벌어져 달린
세움 장식의 모양은 새의 날개 같고 잘게 뻗은 장식들은 새의 깃털처럼 생겼다.
고구려의 사회 풍속에 관한 기록과 고분벽화 등에서 새 깃털 장식이나
관꾸미개들이 확인된다. 이를 근거로 은관은 마립간 시기 초,
고구려와 신라의 정치적 관계 속에서 형태와 가치를 평가받고 있다.

ⓒ 옥재원

라의 위상과 함께 신라의 대외관계를 가늠할 수 있는 하나의 좌표가 된다. 전시실의 몇몇 전시품이 알려주듯, 신라는 주변 지역의 세력을 귀속하는 데 고구려로부터 받아들인 사여 방식을 준용했다.

황남대총 남쪽 무덤에서 나와 전시실로 들어온 은관은 바로 그즈음 신라의 외부 정치 상황과 내부 사회구조를 압축하는 유물이다. 이렇게 한 점의 유물이 지닌 역사적 중량은 유물카드에 기입된 실측 수치를 크게 넘어선다. 전시실에서 전시품을 빼곡하게 관찰하는 경험에서 그치지 말고 파고들어 감상하는 데까지 나아가 유물 너머를 상상해야 하는 이유가 여기에 있다.

은관 이야기의 끝에 짧게 덧붙이면, 황남대총 북쪽 무덤을 짓던 무렵, 소속에서 금으로 신분과 지위를 드높이고 계통에서 엇가지 세움 장식으로 자기를 분별하기 시작한 역사적 사실과 이것이 갖는 사회적 의미를 놓쳐서는 안 된다.

이사지왕의 칼

중요한 증거가 아주 드물게 확인되는 경우가 있다. 2013년 국립중앙박물관 보존과학부는 1921년 금관총에서 출토된 세고리자루큰칼을 보존 처리했다. 담당자가 큰칼의 상태를 면밀하게 관찰하며 처리하다가, 칼집 끝에서 몇 개의 명문들을 찾아냈다. 그 가운데 가장 중요한 글자가 '이사지왕尒斯智王'이다. 또 2016년 국립경주박물관이 금관총 부장품 보고서를 다시 작성하던 도중, '尒'·'八'·'十' 등의 이사지왕 관련 명문들이 몇 점의 칼집 장식에서 추가로 발견되기도 했다. 무덤 내에서 인명이 표시된 자료를 발견하는 사례가 귀하디귀한 신라였기에 명문은 마립간 시기 역사 연구를 창의적으로 이끌 실마리가 되었다. 고고역사부에서 칼과 얽힌 주제 전시를 열었으며, 한동안 여기 신라실 1911번 진열장에 전시되었다가, 지금은 출토지의 국립경주박물관 신라역사관에서 자리를 잡고 있다.

칼은 보존과학에서 고고학을 거쳐 역사학으로 분과를 넘나들었다. 박물관 전문가들의 눈길과 손길도 더해졌다. 덕분에 세상으로부터 격려받을 만한 연구 성과가 나왔다. 오늘날의 박물관에서는 유기적으로 연결된 여러 분야의 조직들과 연구자들이 서로 긴밀하게 계획을 수립하고 이를 꼼꼼하게 협업하며 실현한다. 조직의 치밀한 그물망이 과거가 놓친 것들 또는 놓은 것들을 다시 걷고 깊게 탐구한 뒤, 조심스럽게 박물관 밖으로 내보이고 있다. 결코 미화하고 싶은 사연은 아니지만, 빼앗긴 시절의 역사·문화적 박탈은 박물관의 역량 강화에 유익한 교훈이 되었다.

일제강점기 경주를 떠난 고고 자료들은 일본 교토에 정착했다. 관련 보고서는 교토의 제국대학에서 편집되고 인쇄회사를 통해 간행되었다. 보고서 본문 상책은 1924년 5월, 도판 상책은 이해 9월에 나왔다. 도판 하책은 몇 년이 지난 1928년 3월에야 발간되

[그림 18] 칼끝에 새겨진 '이사지왕' 글자

고대사 연구에서 문헌 사료의 수와 양이 부족하고 또 내용이 역사와 사회의
일부만 기술하다보니, 연구자들은 학문적 상상과 판단을
매우 조심스럽게 내놓을 수밖에 없는 처지가 된다.
금관총에서 나온 칼 위의 단 몇 글자는 풍성한 상상을 가져왔고
치열한 논의를 불러일으켰다. 흥미진진한 이야기를 세상에 풀어 들려주길 즐기는
연구자들이 다음 무덤을, 또 다음 글자를 간절히 기다리며 남은 사료,
그리고 가까운 고고 자료를 거듭 들추고 곱씹는 이유이다.
ⓒ 옥재원

었지만, 본문 하책을 누락한 반쪽짜리 보고였다. 금관총의 발굴조사와 출토 유물 정리를 맡았던 하마다 고사쿠濱田耕作는 1932년 재단법인 경주고적보존회의 지원을 받아《경주의 금관총》(일문)을 펴냈다. 기존에 발간된 보고서의 주요 내용을 인용하고 미보고 유물 일부를 포함해서 완성한 책이지만, 본문 하책을 대체하기에는 부족했다. 이는 과거를 되짚는 오늘날 연구자들의 과제가 되었다. 그 결권을 채우려 분투하는 과정에서 이사지왕의 이름이 세상에 나타났고, 전시로 소개된 것이다.

관건은 이사지왕, 그가 누구인지이다. 이와 관련하여 두 가지의 주요 논점이 있다. 하나는 칼에 새겨진 명문이 무덤 주인공의 이름인지 다른 사람의 이름인지이다. 좀 복잡하다. 전자라면 의심하며 추적할 여지가 적지만, 후자라면 이사지왕이 직접 자신의 칼을 무덤 주인공에게 생전에 혹은 그의 죽음을 맞아 전했을 수가 있고, 여러 사정에 의해 이사지왕의 칼이 몇 사람을 손을 거친 후 무덤에 부장되었을 수도 있다.

다른 하나는 무덤 주인공이 마립간인지, 아니라면 왕으로 표현될 만큼 최고위 권력자인지이다. 의견이 분분하고 해석에 따라 다른 장면이 그려지기도 한다. 〈포항 냉수리 신라비〉에 '일곱 왕들' 혹은 '일곱의 왕과 대등' 정도로 파악되는 '칠왕등七王等'이라는 문구가 있다. 복수의 왕이 존재했을 가능성을 보여주는 표현이다. 이사지왕이 반드시 마립간이라는 보장도 없다. 이런 이유로 상상력을 제법 가동해야 하는 고대사 연구에서 흔히 일어나는

[그림 19] 은과 금으로 만든 굽다리 접시
흙으로 만든 굽다리 접시의 모양을 따서 금과 은으로 만든 접시이다.
금으로 만든 만큼, 재료로는 기성품에서 한정에 한정을 더한 것이니,
소유자의 신분과 지위는 결코 조금이라도 낮을 수 없겠다.
ⓒ 옥재원

수준의 학문적 논쟁이 계속 이어지고 있다.

　대략 네 가지 경우를 가정해볼 수 있다. 무덤 주인공이 칼의 소유자이며 마립간인 경우, 그가 칼의 소유자는 아니지만 마립간인 경우, 그가 칼의 소유자이나 마립간은 아닌 경우, 그가 칼의 소유자도 마립간도 아닌 경우이다. 금관총에서 금관이 발견된 만큼, 주인공이 핵심 지배층에 소속된 유력 인물이라는 점은 분명해 보인다. 다만 무덤의 크기가 일정한 묘역 내의 돌무지덧널무덤 중에서 최대급이 아닌 데다, 무덤의 위치가 황남대총보다 큰 125호분 봉황대에 인접한 곳이다. 무엇보다 부장 상태를 보면, 굵은고리귀걸이는 피장자의 귀에 착용되어 있으나, 큰칼은 허리에서 벗어난 채 피장자의 몸을 지키듯 배치되어 있어 주인공이 여성일 가능성도 적지 않다.

　이런 특징들을 놓고 볼 때, 무덤 주인공을 마립간으로 판정하기가 망설여진다. 마립간과 관계가 밀접한 인물일 가능성은 사실로 인정해도 될 듯하다. 이래저래 매듭을 한 줄 푼 것 같다가도 다시 얽혀가는 이야기가 아직도 이사지왕 명문과 금관총에 잔뜩 뭉쳐 있다. 5세기의 어느 나날을 살았던 이사지왕, 또 다른 돌무지덧널무덤들 속에서 끈질긴 연구자의 집념으로 새롭게 발견될 증거들을 타고 과거에서 지금으로 다시 등장할 것이라 믿는다.

금접시 은접시

황남대총 북쪽 무덤의 여성 주인공은 지위가 얼마나 높았던 인물인가. 돌무지덧널무덤들을 모두 떠올려 보면, 황남대총은 일종의 사후 궁전이었다. 이를 되뇌며 문헌 사료 속의 몇 안 되는 유력 후보들을 소리 내서 읽고 이 궁전에서 나온 물품들의 면면을 가리거나 그 수를 셀수록, 무덤 주인공의 정체가 좁혀지긴 한다. 《삼국사기》의 인명을 기준으로 소환해보면, 내물 이사금의 비 김씨, 실성 이사금의 비 김씨, 눌지 마립간의 비 김씨, 자비 마립간의 비 김씨, 소지 마립간의 비 선혜부인, 이 다섯 명의 김씨 여성 가운데 한 사람일 것이다.

여기서 고고학 연구자들의 판단을 빌려, 최소한 5세기 전반 이전에 조성된 것으로 추정되는 무덤의 시차를 고려하여 5세기 전반 이후에 세상을 떠난 두 여성을 제외한다. 그럼 앞의 세 후보 중 한 사람이 황남대총 남쪽 무덤에 묻혔을 것이다. 물론 전혀 다른 사람이 주인공일 가능성도 배제할 수 없으나, 현재의 문헌 사료로는 제3의 인물에 관한 흔적을 찾을 수 없다. 헤아리기가 까마득하면 아예 포기할 텐데, 몇 안 되는 후보들로 좁혀지다보니 더욱 답답하다.

마립간들의 부인은 모두 김씨이다. 마립간으로 즉위해 국왕으로 마감한 지증왕의 부인만 박씨 연제延帝부인이다. 박씨 연제부인 이후 김씨 일색이었던 과거의 규칙이 흐트러지긴 했다. 마립간 시기는 그만큼 힘을 똑똑 뭉쳐야 했던 시간대라서, 김씨 마립간과 김씨 비가 단단히 결합했다. 이는 권력을 지키고 높일 수 있는 방법이었다. 지증왕의 출자가 내물의 직계들과 다소 거리를 둔 터라 즉위가 아주 늦었고 다른 세력의 힘을 입었던 면이 있지만, 이질의 집단과 결합해도 김씨의 왕위 계승이 굳건했던 것은 전대 동안 잘 다져진 권력 덕분이다. 신라의 지배구조에서 최상위의 권위를 차지해 화려한 생활을 누렸던 부인의 기물들이 1911번 진열장의 한 곳을 채우고 있다.

그 가운데 감상해볼 만한 전시품이 금제 굽다리접시이다. 본래 흙으로 만드는 그릇의 모양을 금으로 똑같이 완성한 물품이다. 무덤 주인공은 그릇 재질을 나라에서 가장 고귀한 금으로 승격시킬 수 있는 위치에 있었다. 그릇의 굽다리에서 칸이 위아래로 엇갈려 뚫린 모양이 특색 있다.

이런 모습으로 난 투창透窓[*]은 경주에서 만든 토기, 신라 특산의 토기 양식을 대표한다. 이 양식은 대략 월성로 가−13호 무덤과 황남동 109호 무덤 3·4곽이 지어질 무렵 성립되었다. 이 무덤들은 조영 시점이 황남대총 남쪽 무덤보다 조금 앞선다.

신라의 영향력이 확장되면서 영남 내륙 각지의 주요 지역사회로 경주의 토기 양식이, 뒤이어 금공 위세품이 퍼져나갔다. 경계 너머에 작동할 정도로 강한 권력에 의해 경주의 물산들은 의도적

---

* 토기 굽다리에 뚫린 구멍.

으로 양산되고 제한적으로 활용되었다. 이처럼 금으로 만든 굽다리접시와 투창은 아주 중요한 마립간 시기의 기호인 만큼 가볍게 지나쳐서는 안 된다.

하나의 진열장 안에, 금으로 만들어진 부인의 굽다리접시가 남편의 무덤에서 나온 은제 굽다리접시 바로 곁에 놓여 있다. 거리로 따지면 신라 때의 무덤 간격에 비해 훨씬 가까워져서, 세상 몰래 영혼들이 나타나 그릇을 쓰면서 나란히 앉을 간격이다. 생전에 두 사람이 서로를 매우 아꼈다면, 금제 굽다리접시와 은제 굽다리접시의 동반은 강제로 세상에 나온 후 겪는 불편을 일정 부분 감내할 정도의 자리가 아닐까 싶다.

은관을 이야기할 때 짚었다시피, 재질을 서로 비교하는 경우 은의 가치는 금보다 떨어지지만 황남대총만 놓고 보면 사람의 상하 간격이 아니라 시간의 선후 차이로 보는 편이 더 적절하다.

장신구의 힘

예나 지금이나 의복은 인격·성품 같은 사람의 본질이 아니라 주로 권력·재력 등의 형질을 시각적으로 드러내는 수단이다. 전시실에는 그런 성질을 대표하는 신라 마립간 시기의 복식 한 벌이 전시되어 있다. 대관, 관꾸미개, 모관, 귀걸이, 목걸이, 팔찌, 허리띠, 신발 등으로 구성된 완전한 복식이다. 설령 이 물품들이 장례

[그림 20] 황남대총 남분 관꾸미개

관꾸미개는 고깔 모양의 관, 즉 모관을 장식하는 장신구이다.

날개처럼 뻗은 좌우 장식들을 붙든 중심 장식 아래 부분을 모관에 끼운다.

황남대총 남분에서 은, 금동, 자작나무 껍질 등으로 만든 모관 여러 점이 발견되었다.

그 중 어느 것과 짝이거나, 본래의 짝과 무덤 안팎으로 갈라섰을 수 있다.

ⓒ 옥재원

와 의례 때만 제한적으로 사용되었다 하더라도, 신분이 평범했을 장인들의 구전을 통해 그 정보가 민간으로 퍼져 소유자의 지위는 많은 사람에게 과시되었을 것 같다.

경주 지배층의 신분과 지위가 상대적으로 높을수록 복식의 구성은 조밀했고 낮을수록 허술했다. 경주 바깥 각지의 유력자들도 금보다 낮은 재질의 일부 품목만 받았을 뿐이다. 이렇게 마립간 시기 신라는 특정한 복식의 규격을 잣대로 삼아 사람과 공간의 높낮이를 구별했다. 경주 주변 지역 무덤에서 발견된 금공 위세품의 구성 내역은 부장된 주인공의 신분과 지위뿐만 아니라 해당 지역의 정치적 중요도까지 가늠할 수 있게 한다.

이 같은 복식 규격은 남녀의 구분 그리고 장례 방식에까지 적용된 듯하다. 대체로 피장자가 남성일 경우에는 가는고리귀걸이를 착용하고 큰칼을 패용한 모습이며, 여성이라면 굵은고리귀걸이를 착용하고 큰칼을 지니더라도 패용하지 않은 상태를 보인다. 금관총의 주인공은 여성일 가능성이 있다고 판단하는 근거도 굵은고리귀걸이를 한 데다, '이사지왕' 명문이 기재된 큰칼들이 피장자의 몸에서 다소 떨어져 배치되어 있기 때문이다.

금령총에서 나온 말 탄 사람 토기 두 점을 자세히 비교해보면, 둘 사이의 신분 격차를 나타내듯 사람과 말의 갖춤이 서로 달라 각각 '주인'과 '하인'으로 분별되고 있다. 주인으로 보이는 인물은 고깔 모양의 모자를 쓰고 있는데, 모관은 평소에 착용하던 직물 모자를 금·은·금동·백화수피로 바꿔 제작한 복식품일 것이다.

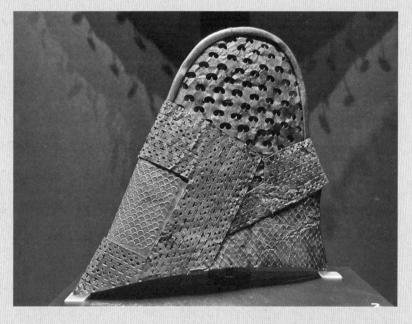

[그림 21] 금관총 고깔 모양 관
금공 위세품이 죽음 이후의 망자를 수식하는 귀한 장의용품이었다 해도,
그 일부에서 상장이 굴절하지 않은 죽음 이전의 생활 흔적을 엿볼 수 있다.
모관은 천으로 만든 모자를 모양 그대로 본떠 금으로 만든 것일 테다.
ⓒ 옥재원

[그림 22] 호우총 금드리개
드리개는 보통 다른 장신구를 수식하는 부속물로 쓰인다.
수식하는 사례는 금관의 관테에 매달린 모습으로 볼 수 있다.
부속 하나가 금관을 더욱 빛내는 요소인 만큼, 신라의 장인들은 허투루 만들지 않았다.
ⓒ 옥재원

[그림 23] 황오동 무덤 금귀걸이
금귀걸이는 주민들의 거주와 경작 등으로 반파된 경주
황오동의 옛 무덤(52호분)에서 다행히 수습되었다.
우여곡절이 그것에 그치지 않았다. 그 모양은 일제강점기에 반출되었다가
1965년 한일협정으로 돌아온 보물 213번지 무덤의 귀걸이와 매우 흡사하나.
이런 까닭으로 돌아온 귀걸이를 대신하여 보물 455호로 지정되어버리고 말았다.
2000년에야 그 혼동이 밝혀져, 2018년 보물 2001호로 다시 지정되었다.
겪지 않아도 될 사연을 겪은 것이다.
ⓒ 옥재원

나비 모양이나 새 날개 모양의 관식으로 꾸미는 경우가 잦다. 관모와 관식 일체의 원류는 고구려의 풍속과 무관하지 않은 듯하다.

《주서周書》에 따르면, 고구려 사람들은 '골소骨蘇'라 부른 관을 자색 비단으로 만들었으며 금과 은으로 이리저리 장식을 했는데, 관품이 있는 사람은 새의 깃 두 개를 꽂아 차이를 뚜렷하게 드러냈다고 전한다.[*] 특히 평양 개마총의 벽화에 등장하는 고구려 남성들의 모관을 보면, 세움 장식·새 날개 장식으로 꾸민 모습을 확인할 수 있다. 마립간 시기 전반에 신라가 고구려와 유지했던 정치관계, 금공 위세품 사여 방식을 채택한 목적 등을 고려할 때, 관모와 관식은 고구려의 영향이 제법 뚜렷한 복식 요소로 보인다. 신라는 고구려의 복식을 들여와 체계적으로 소화했고, 경주에서 만들어 정치적 판단을 거쳐 각지의 유력자들에게 내려주었다.

금공 위세품은 지배자의 머리부터 수식하여 발끝까지 드리운다. 신라의 신발은 다른 나라들 특히 백제보다 무늬가 소박하고 간단한 편인데, 유독 복잡하고 화려한 무늬로 장식된 신발 바닥 한 쌍이 신라실 1917번 진열장에 전시되어 있다. 바로 식리총에서 나온 금동신발이다. 바닥의 안쪽에는 거북이 등껍질 모양의 육각형을 반복적으로 배치하고 그 속을 여러 종류의 상서로운 짐승과 새를 중복하며 꾸몄다. 바닥 둘레로는 불상 후면의 광배 무

---

[*] 《주서》 권49, 열전 41, 이역異域 상, 고려.

[그림 24] 식리총 금동신발 바닥

신라 무덤 속에 사는 새나 말 등이 망자를 다른 세계로 이끄는 존재들이라면,

신발은 망자가 스스로 걸어가는 도구로 볼 수 있겠다.

사람들은 영혼에게 불사의 믿음, 벽사의 희망을 대놓고 건넸다.

영혼은 계속 살아 있을까, 요사한 존재들을 견디고 있을까.

적어도 지금의 우리에게까지 살아 잘 견뎌서, 이렇게 과거를 보며 묻는다.

ⓒ 옥재원

늬처럼 화염문을 둘렀다. 기본 무늬틀은 표면장력을 원리로 작은 금 조각에 열을 가해서 완성한 둥근 금 알갱이들을 이어 붙여 만든 것이다.

신라의 고유한 표현일 수 있지만 사례가 드물다. 아무래도 중국 남제南齊나 백제의 영향을 받은 듯하다. 각지의 문물을 수렴하고 이를 가공해서 다시 주변 지역에 정치의 수단으로 삼아 전파했던 신라의 권력을 다시 떠올리게 된다.

땅과 물을 건넌 물품들

실크로드 같은 국제 교류의 경로와 관련지을 수 있는 물품들도 있다. 황남대총 북쪽 무덤에서 발견된 금제 상감팔찌가 대표적이다. 금 알갱이와 금실로 만든 틀 안에 터키석 등의 보석을 끼워 넣어 장신구를 꾸미는 방식은 신라가 아닌 서아시아 혹은 중앙아시아 사회의 제작 기법이다. 같은 무덤에서 나온 은제 잔도 이 같은 양식의 전시품이다. 그릇의 몸을 가득 채운 육각형의 구획은 중앙아시아 소그드 사회의 육각 넝쿨무늬에 기원을 둔 것인데, 식리총에서 출토된 금동제 신발 바닥 무늬의 기본 도형과 통하기도 해 눈길이 간다.

유리 제품들은 조금 더 다양한 계통에서 산출된 외래 문물이다. 흑갈색과 남청색의 유리그릇들은 각각 4세기 대의 중국 동진東晉, 5세기 대의 중국 북위北魏 그릇들과 관련이 있다. 공간적으로 훨씬 먼 곳과 관련되어 있는 그릇들도 무덤에서 나왔다. 황남대총 북쪽 무덤에서 발견된 커트 글라스는 사산조 페르시아 계통이고, 마블 무늬 굽다리잔은 후기 로만 글라스 양식으로 유럽에서 유행했다.

신라로부터 아주 먼 곳에서 길고 긴 길을 어렵게 거쳐 신라로 들어온 유리그릇들, 이 가운데 전시실을 대표하는 로만 글라스가 있다. 바로 황남대총 남쪽 무덤에서 출토된 봉수형 유리병이다. 조각이 제법 선명하고 많다. 조각을 제대로 세기가 어려울 만큼 깨졌고, 손잡이에는 금실이 감겨 있다. 참 소중해서 깨진 것을 버리지 않고 귀한 재료로 수리한 듯하다. 여기에 현재의 보존과학자들이 손길을 더했다.

조각은 180여 개에 이른다. 병에 남은 상처가 뚜렷하다. 수선이 감쪽같긴 하지만 상처가 깊은 부분에는 손길을 더한 흔적이 남아 있다. 깨진 자국이 선명하나 그것 또한 사람의 정성과 노고인지라 그대로 가치가 크다. 황남대총 남쪽 무덤에서 발견된 직후, 당시로서는 최선의 응급처치가 이루어졌고 수년간의 처리 작업을 거쳐 1983년 제자리에 접합되었다. 문화재 관련 기술과 보존처리 방법은 하루하루 빠르고 새롭게 발전해가고 있다. 처음 쓴 접착제가 유물의 재질에 적합하지 않은 데다 1984년 이후 오랫동안 전시로 노출되면서 기존의 접착제가 상한 탓에 병 전체의 건강이 염려되는 상태였다. 이에 박물관의 보존과학자들이 2014년에 해체후 재복원해서 요즘 잘 지낸다. 나라의 보물로서두(국보 193호) 가

[그림 25] 여러 가지 유리그릇

경주 곳곳의 무덤에서 나온 여러 가지 유리그릇들은
오늘날의 유럽, 서아시아, 중앙아시아, 중국 일대 각지의 기술과 기법이 표현된 귀중품이다.
이들은 1,500여 년 전에 마립간의 도시가 신라의 바다를 타고 땅을 딛은
사람들, 물산들, 정보들이 하나로 '모여드는 점'이었고 정치와 경제의 광역을
제법 넓게 '이어가는 선'이었던 사실을 알린다.

ⓒ 옥재원

[그림 26] 상처를 치료받은 봉황 모양 유리병
유리병에 상처를 낸 것도 유리병을 고친 것도 모두 사람이 지은 일인데,
그 흔적마저 꽤 진하다. 그리하여 고스란하고 미끈한 전시품들로 가득 찬 방에서,
사람들의 시선을 달리 더 끌어들이고 있는 건 아닐까.
ⓒ 옥재원

치가 상당하지만, 그보다 더 많이 마음을 두게 되는 까닭은 그 옛날 깨져서 고쳤고 또 힘껏 붙였으며 이를 다시 야무지게 치료한 사람들의 정성스런 그리고 정직한 손길이 오롯이 남아서이다.

경옥제 곱은옥이 묶은 역사

금제 전시품들 중에서 몇몇은 특별한 장식을 매달고 있다. 꽤 드물고 귀한 장식이라 어떻게 보면 그것이 나머지 금 알갱이들을 끌어모으고 있는 듯한 느낌마저 든다. 금령총과 노서동 215번지 무덤에서 출토된 목걸이에도, 황남대총 북쪽 무덤에서 나온 금관과 가슴꾸미개에도, 황오동의 무덤에서 발견된 금팔찌에도 눈에 띄게 달려 있다. 경옥제 곱은옥이다.

경옥제 곱은옥 전에는 유리제 곱은옥이었다. 원료의 수급과 가공이 까다롭지 않은 이 장신구는 이사금 시기 신라가 경주의 힘을 다지며 경주 외부 각지로 내쏟기 시작했던 영향력을 따라 경산과 같은 주변 지역들의 유력한 무덤에서 발견되었다. 당시는 신라 토기 양식이 성립되기 전이었다. 지역마다 나름의 토기를 만들어 유통했다. 함안에서 만든 토기의 영향이 대구에서 나타나고, 창녕·합천 등과 관련된 토기가 경산에서 유통되기도 했다.

고대사회에서 특별하고 흔치 않은 위세품이나 장신구와 같은 물품이 특정 지역에 국한되지 않고 일정 공간 속의 지역들에서 공

[그림 27]
노서동 215번지
무덤 목걸이

[그림 28]
금령총 목걸이

[그림 29]
황남대총 남분 목걸이

목걸이에 달린 금구슬, 유리구슬, 곱은옥 등,
하나의 줄에 열을 지어 꿰인 귀중한 재료들은
혈연으로 단단히 묶인 고귀한 혈족 한 모둠을 상징하는 것 같다.
ⓐ 측세원

유된다면, 해당 공간 내 국가들 간 상대적인 정치관계를 우선 떠올려볼 만하다. 완전한 균형은 존재하기 어렵다. 조금이라도 우열의 차이가 있게 마련이다. 물품이 분포하고 배포되는 중심지가 있다면, 그 지역을 정치의 중심지로 인식해도 될 것이다. 경제나 문화는 정치 다음의 갈래이다.

현재까지 경옥제 곱은옥이 발견된 지역의 사례만 놓고 보면, 분포의 중심지는 경주이다. 그 가운데 월성로 가-13호 무덤은 비교적 이른 시기의 증거이다. 우선 황남대총 남쪽 무덤에서 출토된 금동관과 금허리띠 장식에 드리워져 있다. 이어 황남대총 북쪽 무덤에서 나온 금관을 시작으로 한동안 각종 금공 위세품에 장식되었다. 그만큼 경옥제 곱은옥은 특별한 장신구였다. 주위 사람에 대한 지배자의 권력이 강화되고 주변 지역에 대한 신라의 영향력이 확대되면서, 경주 내외의 극소수 지배층에 분여된 귀중품이었다. 당연히 대다수의 소유자는 상위자의 허락을 얻어야 가질 수 있었다.

사람들에게 경옥제 곱은옥은 금과 다른 가치와 의미로 받아들여졌을 것이다. 지금까지 한반도 내에서 산지가 확인되지 않기 때문이다. 양산 부부총에서 출토된 국립도쿄박물관 소장품의 성분이 일본 니가타현의 이토이가와산으로 분석되는 데다 재질과 제작 기법에서 신라의 경옥제 곱은옥과 서로 통한다. 이는 신라와 왜가 교섭하는 과정에서 신라로 들어온 물품일 것이다. 월성로 가-13호 무덤의 시간을 염두에 두고 보면, 4세기 후반 신라는 왜와 교류 중이었다. 4세기 말에는 신라산 마구가 일본 오사카 남부 지역에 들어갔다. 어떤 무덤이 특정 시기에 조영되었다고 판정되더라도 무덤에는 그 주인공의 생애가 수장되므로 사람과 부장 물품들의 시간은 무덤의 조영 시점과 구별된다. 무덤 속의 역사는 무덤 이전의 삶과 흔적들을 머금고 있는 것이다.

백제와 화통한 왜는 399년 가야와 함께 신라의 왕성을 함락시켰다. 이에 내물 마립간은 고구려에 구원을 요청했고, 광개토왕은 이듬해 보병·기병 5만을 보내 경주를 점령한 병력을 축출했다〈광개토왕릉비〉. 오늘날도 그러하듯, 나라와 나라 사이의 외교에서 각국의 입장과 역학관계는 시시각각 뒤바뀐다. 4세기 후반, 고구려가 남하하며 신라와 결연하자 이에 맞서 백제와 가야, 왜가 공동으로 대응했다.

고구려의 간섭 아래 있던 신라라도 이러한 분위기를 가볍게 넘길 수 없었을 테다. 그 과정에서 신라가 위협적인 상황을 개선하기 위해 백제·가야·왜 각각과 막후에서 왕권 간의 교섭을 시도했을 가능성은 충분하다. 신라와 왜에서 발견되는 상대방의 물산들은 이러한 교섭을 계기로 오간 것들일 듯하다. 399~400년간 엄청난 갈등을 경험하고 고구려의 압박까지 거센 정황에서, 실성 마립간은 402년에 왜와 우호를 다지기 위해 미사흔을 볼모로 보냈다.* 문헌 사료에서 드물게 등장하는 외교 기사들을 통해 정치

---

* 《삼국사기》 권3, 신라본기 3, 실성 마립간 즉위년.

의 사정을 해석할 때, 행간에서 치열했을 역학관계의 변동을 살필 필요가 있는 것은 이런 이유에서이다.

이 같은 격동의 시기에 입수된 원료인 만큼 가공품은 금관 등 일부의 금공 위세품만을 장식할 정도로 매우 귀하게 쓰였다. 금관들을 수식한 경옥제 곱은옥에 집중하다 보면, 흥미로운 변화가 눈에 띈다. 금관의 제작 시점이 후대로 갈수록 경옥제 곱은옥 사용 빈도가 조금씩 줄어든다는 점이다. 조사 보고서에 수록된 곱은옥의 개수를 기준으로, 황남대총 북쪽 무덤 출토 금관에는 77개, 금관총 출토 금관에는 67개, 서봉총 출토 금관에는 38개(뚫린 구멍은 48개), 천마총 출토 금관에는 58개가 부착되어 있으며, 금령총 출토 금관에는 부착되지 않았다.

비교적 늦은 시점에 만들어진 천마총 금관의 곱은옥 수량이 많다는 점이 이채롭다. 천마총은 부장 수준이 상당한 무덤이라 주인공이 특별한 지위라는 점도 간과할 수 없지만, 곱은옥의 수가 많은 까닭은 맞가지 세움 장식이 4단이어서다. 추가된 한 단에 곱은옥이 3개씩 부착되어 있으니, 단순하게 계산하면 3단인 금관들보다 9개가 많은 셈이다.

이는 시간이 지날수록 돌무지덧널무덤의 규모·구조, 부장 수준·수량이 점차 하락하는 변화와 맞물린 듯하다. 금공 위세품들로 화려하게 치장하던 때와 비교하면 사회의 발전이 정체된 현상으로 보일 수도 있을 것이다. 또 왜와의 교섭이 소원해진 상황을 연상할 수도 있겠다. 그런데 마립간 시기 후반에서 가장 두드러

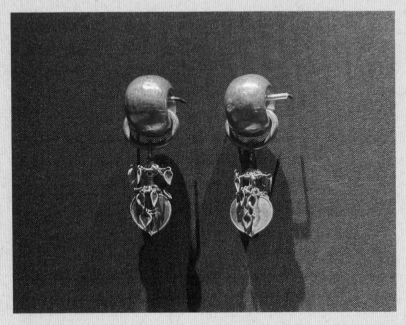

[그림 30] 서봉총 금귀걸이

아래로 늘어진 노는고리, 샛장식, 드림을 지탱한 중심고리가 굵다.
굵은 유형은 대개 여성의 귀걸이로 파악된다. 행여나 잘못 짚을까, 연구자들은 무덤 속에서
여러 가지 기물들의 성질과 그 위치까지 꼼꼼히 뒤진다.
큰칼이 나와도 몸에 걸쳐진 상태인지 몸을 벗어난 상태인지에 따라,
남성의 무덤이냐 여성의 무덤이냐가 갈린다. 그리 신중한 절차들을 거쳐,
서봉총은 여성의 무덤으로 판명되었다.
ⓒ 옥재원

지는 특징은 정치에서 상징적인 이념 권력보다 현실적인 정치 권력의 중요성이 높아진다는 점, 사람과 공간에 대한 지배가 제도의 형식을 갖춰나가기 시작한다는 점이다. 금공 위세품으로 사람과 공간의 상·중·하를 구별하던 시절이 지나고 무덤 속에 몰린 정치의 관심이 세상으로 초점을 옮긴 것이다. 계속 더 많은 증거를 모아 생각해볼 일이다.

자유로운 영혼, 토우 장인들

신라에서 이름을 날린 화가나 예술가들에 관한 기록은 변변찮다. 황룡사皇龍寺 담에 그린 늙은 소나무가 많은 새에게 착시를 불러 일으킬 만큼 뛰어났으며, 경주 분황사芬皇寺 관음보살과 진주 단속사斷俗寺 유마상도 그렸던 화가 솔거率居[*]를 제외하면 조형 재료가 한미하고 처지도 시원찮아 그럴싸한 기록에 이름 실릴 이가 만무하다. 하지만 그럼에도 당대 풍속의 묘사에 뛰어난 작가들은 많았다. 바로 토우를 만든 장인들이다.

　신라의 풍속작가들은 자기 자신의 마음을 곧게 드러내어 손길 가는 대로 흙을 빚었다. 능숙한 솜씨에는 꾸밈이나 막힘이 없었

[*]《삼국사기》권48, 열전 8, 솔거.

다. 표현은 거칠지만 사회 속의 사람과 삶, 그리고 사랑에 얽힌 기쁨과 노여움, 슬픔과 즐거움의 감정들이 솔직하게 흐르고, 일상과 이상을 넘나드는 욕망이 자유로운 몸짓들로 표현되며, 세상에 나서 늙어가며 아프고 죽는 일생이 생생하게 펼쳐진다. 개·소·말·호랑이·원숭이·토끼·오리·닭·거북이·개구리·뱀·잉어 등의 동물은 정신과 현실을 여유롭게 오가는 신라 사람들의 행동 사이를 기거나 뛰거나 난다. 형태를 파격적으로 생략하고도 존재의 실재를 정확하게 표현하는 실력은 실제를 통달한 후에야 이를 수 있는 경지가 아닐까.

덧붙여 경주 쪽샘 44호 무덤에서 발견된 항아리 조각 위의 그림이 떠오른다. 일부에 오직 선만 그어 간략하게 그렸는데도, 사실적인 고구려 무용총의 수렵도와 무용도, 안악 3호분의 행렬도를 생생하게 재현했다. 이런 작가들이 마립간 시기 신라의 미술계를 채우고 있었다.

영묘사의 장륙삼존상·천왕상과 전탑의 기와, 천왕사 탑 밑 팔부신장, 법림사의 주불삼존·금상신 등을 제작할 정도로 재능을 다방면으로 떨친 양지良志의 필찰筆札 * 도 앞서 실력을 떨친 토우 작가들의 탁월한 솜씨와 맞닿아 있다.

---

* 《삼국유사》 권4, 의해義解 5, 양지사석良志使錫.

[그림 31] 토우가 장식된 토기_국립경주박물관 전시품

토우를 보면, 신라 사람들이 토우에 담은 삶과 생각이 궁금하다.
무덤에 넣을 토우라서, 그중에는 떠난 사람을 매장하기까지
정성껏 섬겼던 모습도 포함되었을 듯하다. 여기에 망자가 든든히 품을 효심과
충심이 가득 담겼을 것이다. 망자는 상례와 장례, 그리고 제례와 더불어서,
죽었으되 사라지지 않고 사람들과 계속 살아갈 수 있다.

ⓒ 옥재원

4장 관련 주요 전시품과 정보

진열장 번호	소장품 명칭	전시 정보
1911	은관	– 경북 경주 황남대총 남분 | 1975년 발굴 | 보물 – 삼국시대(신라) 5세기
	금 굽다리 접시	– 경북 경주 황남대총 북분 | 1974년 발굴 – 삼국시대(신라) 5세기
	은 굽다리 접시	– 경북 경주 황남대총 북분 | 1974년 발굴 – 삼국시대(신라) 5세기
	금사발	– 경북 경주 황남대총 남분 | 1975년 발굴 – 삼국시대(신라) 5세기
	금사발	– 경북 경주 서봉총 | 1926년 발굴 – 삼국시대(신라) 6세기
	은합	– 경북 경주 황남대총 북분 | 1974년 발굴 – 삼국시대(신라) 5세기
	은사발	– 경북 경주 황남대총 남분 | 1975년 발굴 – 삼국시대(신라) 5세기
1912	유리잔	– 경북 경주 황남대총 북분 | 1974년 발굴 | 보물 – 삼국시대(신라) 5세기
	봉황 모양 유리병	– 경북 경주 황남대총 남분 | 1975년 발굴 | 국보 – 삼국시대(신라) 5세기
	은잔	– 경북 경주 황남대총 북분 | 1974년 발굴 | 보물 – 삼국시대(신라) 5세기
	금팔찌	– 경북 경주 황남대총 북분 | 1974년 발굴 – 삼국시대(신라) 5세기
	유리잔	– 경북 경주 금령총 | 1924년 발굴 – 삼국시대(신라) 6세기
	유리잔	– 경북 경주 서봉총 | 1926년 발굴 – 삼국시대(신라) 6세기
	유리잔	– 경북 경주 황남대총 남분 | 1975년 발굴 | 국보 – 삼국시대(신라) 5세기

박물관에서 신라사를 생각하다 ──●

1914	금 새날개모양 관꾸미개	– 경북 경주 황남대총 남분	1975년 발굴	보물 – 삼국시대(신라) 5세기
	고깔모양 관	– 경북 경주 금관총	1921년 발굴	국보 – 삼국시대(신라) 5세기
1915	목걸이	– 경북 경주 금령총	1924년 발굴 – 삼국시대(신라) 6세기
	금귀걸이	– 경북 경주 금령총	1924년 발굴 – 삼국시대(신라) 6세기
	금방울	– 경북 경주 금령총	1924년 발굴 – 삼국시대(신라) 6세기
	금방울	– 경북 경주 황남대총 남분	1975년 발굴 – 삼국시대(신라) 5세기
	금방울	– 경북 경주 식리총	1924년 발굴 – 삼국시대(신라) 6세기
	금장식 작은 칼	– 경북 경주 황오동 52호분	1949년 발굴 – 삼국시대(신라) 5세기
	금 도금 은팔찌	– 경북 경주 황오동 52호분	1949년 발굴 – 삼국시대(신라) 5세기
	금귀걸이	– 경북 경주 황오동 52호분	1949년 발굴	보물 – 삼국시대(신라) 5세기
1916	팔찌	– 경북 경주 황남대총 북분	1974년 발굴 – 삼국시대(신라) 5세기
	팔찌	– 경북 경주 서봉총	1926년 발굴 – 삼국시대(신라) 6세기
	금팔찌	– 경북 경주 황오동	1955년 발굴 – 삼국시대(신라) 5세기
	금드리개	– 경북 경주 황남대총 북분	1974년 발굴 – 삼국시대(신라) 5세기
	금드리개	– 경북 경주 노동동	1924년 발굴 – 삼국시대(신라) 5세기
	금귀걸이	– 경북 경주 서봉총	1926년 발굴 – 삼국시대(신라) 6세기

	금귀걸이	– 경북 경주 보문동 | 1915년 발굴 – 삼국시대(신라) 6세기
1916	금귀걸이	– 출토지 모름 | 1981년 이홍근 기증 – 삼국시대(신라) 5세기
	금귀걸이	– 경북 경주 황남대총 북분 | 1974년 발굴 – 삼국시대(신라) 5세기
	금귀걸이	– 경북 경주 황오동 | 1932년 발굴 – 삼국시대(신라) 5세기
1917	금동 장식 신발	– 경북 경주 식리총 | 1924년 발굴 – 삼국시대(신라) 6세기
	금귀걸이	– 경북 경주 보문동 | 1915년 발굴 | 국보 – 삼국시대(신라) 6세기
1918	금귀걸이	– 경북 경주 호우총 | 1946년 발굴 – 삼국시대(신라) 6세기
	금반지	– 경북 경주 호우총 | 1946년 발굴 – 삼국시대(신라) 6세기
	금팔찌	– 경북 경주 호우총 | 1946년 발굴 – 삼국시대(신라) 6세기
	금드리개	– 경북 경주 호우총 | 1946년 발굴 – 삼국시대(신라) 6세기
	금드리개	– 경북 경주 은령총 | 1946년 발굴 – 삼국시대(신라) 6세기
	금귀걸이	– 경북 경주 금척리 | 1952년 발굴 – 삼국시대(신라) 5세기
	금귀걸이	– 경북 경주 황오동 | 1962년 발굴 – 삼국시대(신라) 5세기
1919	금귀걸이	– 경북 경주 보문동 | 1918년 발굴 – 삼국시대(신라) 6세기
	금귀걸이	– 경북 경주 – 삼국시대(신라) 5세기
	금귀걸이	– 경북 경주 노동동 | 1924년 발굴 – 삼국시대(신라) 5세기

1919	금귀걸이	– 경북 경주 황오동 | 1932년 발굴 – 삼국시대(신라) 5세기
	금귀걸이	– 경북 경주 황오동 | 1962년 발굴 – 삼국시대(신라) 5세기
	금귀걸이	– 경북 경주 | 1936년 입수 – 삼국시대(신라) 5세기
	금목걸이	– 경북 경주 노서동 215번지 | 1933년 발굴 | 보물 – 삼국시대(신라) 6세기
	금귀걸이	– 경북 경주 노서동 215번지 | 1933년 발굴 | 보물 – 삼국시대(신라) 6세기
	금팔찌	– 경북 경주 노서동 215번지 | 1933년 발굴 | 보물 – 삼국시대(신라) 6세기
	금목걸이	– 경북 경주 황남대총 북분 | 1974년 발굴 – 삼국시대(신라) 5세기
	목걸이	– 경북 경주 황남대총 남분 | 1975년 발굴 – 삼국시대(신라) 5세기
	금반지	– 경북 경주 황남대총 남분 | 1975년 발굴 – 삼국시대(신라) 5세기
	금반지	– 경북 경주 황남대총 북분 | 1975년 발굴 | 보물 – 삼국시대(신라) 5세기
	금반지	– 경북 경주 서봉총 | 1926년 발굴 – 삼국시대(신라) 6세기
1920	금동 말띠 꾸미개	– 경북 경주 황남대총 남분 | 1975년 발굴 – 삼국시대(신라) 5세기
	금동 말안장 꾸미개	– 경북 경주 식리총 | 1924년 발굴 – 삼국시대(신라) 6세기
	청동 발걸이	– 경북 경주 황남대총 남분 | 1975년 발굴 – 삼국시대(신라) 5세기
	청동 말방울	– 경북 경주 호우총 | 1946년 발굴 – 삼국시대(신라) 6세기
	청동 말방울	– 경북 경주 금령총 | 1924년 발굴 – 삼국시대(신라) 6세기

	말띠 드리개	− 출토지 모름 ǀ 1963년 구입 − 삼국시대(신라) 5세기
	말띠 드리개	− 경북 경주 황남동 ǀ 1966년 발굴 − 삼국시대(신라) 6세기
	말띠 드리개	− 경북 경주 식리총 ǀ 1924년 발굴 − 삼국시대(신라) 6세기
	말띠 드리개	− 경북 경주 노동동 142호분 ǀ 1924년 발굴 − 삼국시대(신라) 5세기
	말띠 드리개	− 경북 경주 호우총 ǀ 1946년 발굴 − 삼국시대(신라) 6세기
	금동 재갈	− 경북 경주 황남대총 남분 ǀ 1975년 발굴 − 삼국시대(신라) 5세기
1921	배모양 토기	− 경북 경주 금령총 ǀ 1924년 발굴 − 삼국시대(신라) 6세기
	말 탄 사람 토기	− 경북 경주 ǀ 1934년 입수 − 삼국시대(신라) 5세기
	토우를 붙인 굽다리 접시	− 출토지 모름 ǀ 1981년 이홍근 기증 − 삼국시대(신라) 5세기
	토우 장식 뚜껑	− 경북 경주 황남동 ǀ 1926년 발굴 − 삼국시대(신라) 5세기
	인물 토우	− 경북 경주 황남동 ǀ 1926년 발굴 − 삼국시대(신라) 5세기
1921	동물 토우	− 경북 경주 ǀ 1926년 발굴 − 삼국시대(신라) 5세기
	토우를 붙인 항아리	− 경북 경주 노서동 ǀ 1973년 발굴 ǀ 국보 − 삼국시대(신라) 5세기
1923	가슴꾸미개	− 경북 경주 황남대총 북분 ǀ 1974년 발굴 − 삼국시대(신라) 5세기
국립경주박물관 신라역사관	'이사지왕' 글자가 새 겨진 고리자루 큰칼	− 경주 금관총 − 신라 5세기

定或稱斯羅或稱斯盧或言新羅長

者德業日新羅者網羅四方之義則其

昊又觀自古有國家者皆稱帝稱王自我

立國至今二十二世但稱方言未正尊號今

韋臣一意謹上號新羅國王王從之

立宗夏四月制喪服法頒行秋九月徵役夫菜

波里彌實至德骨火等十二城

주변으로 내려간 금공 위세품

경주 주변 지역사회에 대한 마립간의 권력은 신라의 영향력과 표리관계에 있다. 안으로 권력을 모으지 않고서는 밖으로 영향력을 발휘할 수 없으며, 영향력을 써야 권력을 더 모을 수 있다. 마립간은 경주의 서열에서 으뜸인 만큼 경주 주변 지역사회에서도 상당한 권위를 확보했다. 자신의 자리에서 주요 회의와 제의를 주재했으며, 직책을 임명하거나 해임했고, 군사를 지휘하면서 권력을 행사했다.

마립간을 후원한 김씨 집단 또한 다른 집단들의 힘을 훨씬 넘어섰다. 회의와 제의·임면·군령 과정에서 점차 다른 집단들의 권한을 접수하고 그들의 거주 공간까지 재편해나갔다. 자비 마립간

[그림 32] 은 관꾸미개

신라는 경주의 힘만으로 주변 지역사회들을 누르고 휘어잡기 쉽지 않았을 때,
그 사회에서 힘을 지닌 세력들을 매개로 힘을 부려 썼다.
이러한 상호관계에서 활용된 금공 위세품의 재질, 그리고 그것들의 종류와 구성은
신라가 나름대로 지역사회의 운영 구조 한가운데의 혈연계승 원리와
지배질서를 속속들이 따져 결정된 것이다.

ⓒ 옥재원

이 경도의 방리의 이름을 정한, 아마도 경계까지 구분했을 목적들 가운데 하나가 정치적 편제였다.[*] 마립간과 신라는 행정 편제 과정에서 여러 지역사회의 운영에도 적극 개입했다. 일단락되기까지는 시간이 제법 걸렸으나, 6세기 초반 마침내 곳곳의 사람과 공간에 대한 행정 편제가 단행될 수 있었다.

마립간은 이사금 시기 동안 확대되어온 공간적 범위를 더욱 확장하고 지배의 강도를 보다 높여야 했다. 그러나 아직 지방관을 각지로 보내 장악할 여력은 부족한 상태라서, 외지의 현안을 일정 부분 그곳의 유력자에게 맡길 수밖에 없었다. 이런 상황에서 금공 위세품은 신라가 각지의 사회 정세에 적극 개입하고 유력자를 다스리는 데 상당히 유효한 수단이었다. 효과는 이미 경주에서 사람 상하의 지배질서를 가다듬는 과정에서 입증된 상태였다.

금공 위세품을 매개로 마립간은 지역의 경중, 세력의 강약을 따져 외부의 지배층에게 신라 기준의 계서階序를 부여하고 나라의 중심에서 지역사회를 적극 제어할 수 있게 된 듯하다. 신라의 역사적 사례를 고려했을 때 경주 주변의 각 지역사회에도 골품제와 관등제의 씨앗 수준의 서열이 있었을 것이다. 신라의 기준을 적용하는 것은 이들 각지의 신분과 지위의 서열들을 일정하게 편제하기에 유리했던 것으로 보인다. 1913번 진열장 속 경산에서 발견된 은제

---

[*] 《삼국사기》 권3, 신라본기 3, 자비 마립간 12년.

박물관에서 신라사를 생각하다 ──●

관꾸미개·은제 허리띠·고리자루큰칼들이 그 실태를 보여준다.

지리적으로 중요하고 정치 세력이 강한 지역의 경우, 지역 유력자는 금동제 대관을 받으며 자신의 관할 구역에서 관에 걸맞은 지위를 구가했다. 남쪽의 부산에서부터 북쪽의 강릉까지, 동서로는 낙동강 유역의 대구·경산·울산·양산·창녕과 내륙의 의성·안동 등지에서 금동관이 발견되었다. 이 같은 분포는 신라가 힘을 실은 지역과 힘을 받은 유력자를 입체적으로 조망할 수 있게 한다. 지역 유력자는 금관을 얻기가 아예 불가능한 신라의 권력 구도 안에서 그렇게 점으로 존속하고 있었다. 금공 위세품 전반의 구성이 경주 지배층의 위계에는 미치지 못했던 것이다.

금공 위세품의 사여는 경주 중심의 관계망을 촘촘하게 얽었다. 관계가 복잡해질수록 여러 지역이 서로를 보다 면밀하게 감시하고 이탈하거나 이탈하려는 조짐을 신라에 고발하는 기질이 강해졌을 것이다. 이처럼 금공 위세품은 한때 신라가 주변 지역을 효율적으로 장악하는 데 중요한 기여를 했다.

세대를 넘길수록 주변 지역의 금공 위세품 구성은 성글어갔다. 신라의 지배 전략에 따라 일시적으로 위세품을 전달받은 지역 세력도 있었다. 그렇게 신라는 6세기 직후까지 주변 지역의 힘을 서서히 빼냈고 주변 지역은 점차 신라의 우산 아래로 들어갔다.

신라를 빚다

본래 영남지방 곳곳의 지역사회들은 각기 필요한 그릇을 만들고 구했다. 나름의 사회운영 원리와 지배질서를 유지하던 때였다. 이러한 현실이 뒤바뀌게 되는 계기가 신라에서 나왔다. 마립간 시기가 시작되면서 경주에서 잡힌 기틀로 신라 토기 양식이 정립되었고 경주의 그릇들이 영남지방 일원의 주요 지역으로 퍼져갔다. 신라의 영향력 아래에 들자, 곳곳의 유력자들과 그의 공인들은 새로운 그릇의 유입에 기민하게 반응했다.

경주 주변의 여러 지역이 경주의 그릇 형태를 모방함에 따라 일정한 권역에서는 신라의 토기 양식이 유행했다. 이 권역을 상징하는 지리 지표가 낙동강이다. 경주의 그릇 양식은 낙동강 동쪽에서 주로 공유되어 '낙동강 이동 양식'이라 부르기도 한다. 대표 기종은 굽다리접시이다. 특색은 굽다리의 투창에 있다. 굽다리 투창이 배치된 모양을 보면, 마치 이곳저곳의 지역사회를 치고 들며 영향력의 자장을 확대해간 신라의 권력 지세 같다.

마립간 시기 동안 신라의 힘은 기세를 탔고, 경주의 중앙 처리 장치가 지배 회로로 연결된 지역들의 현안을 다루었다. 강한 기력을 따라 경주의 그릇은 전형이 되었고 주변이 중심의 동종 사물을 의제하는 수준은 높아졌다. 경주 그릇의 굽다리는 가야 사회에서 생산한 접시의 굽다리와 뚜렷하게 대비된다. 가야에서는 줄곧 상하로 한 줄을 지켜 투창을 뚫었다. 또한 곳곳마다 형태들을

[그림 33] 신라 전형의 굽다리 접시
사물의 가치는 원본의 복제가 되풀이되고 복제품이 늘어날수록 더 높게 솟는 듯하다.
낙동강의 동안, 경주 주변의 경산·영천·대구·의성·김천·상주·안동·창녕 등지로
경주의 그릇을 매우 닮은 신라의 것들이 넓게 퍼져나가는 만큼
중심의 위상은 올랐고 주변의 위세는 내렸다.
ⓒ 옥재원

고유하게 빚었다.

　경주에서도 그랬듯, 그릇은 장례에 많이 쓰였다. 이 그릇들을 담은 무덤도 그릇과 마찬가지로 경주의 돌무지덧널무덤을 제법 흉내 냈다. 이념 차원에서도 각지의 사회적 수요가 분명하게 있었던 것이다. 이에 따라 수급이 점점 중요해졌고, 경주에서 창안된 특정 양식은 증산되어 영남지방 곳곳으로 확산되었다.

　공급이 수요를 뒷받침하기가 어려웠던지, 경산·성주·안동·의성·창녕 등의 여러 지역사회는 경주의 그릇을 많이 닮은 지역 양식을 창조하고 때때로 외부에 공급했다. 어떻게 보면 각자 사회의 명맥을 지키려는 시도 같지만, 모두 신라의 영향력이 현장에 직접 발휘된 현상이다. 이렇듯 지역 유력자의 삶과 죽음에까지 신라는 정치적으로 또 관념적으로 관여했다.

　신라실의 한쪽 벽면 전체에 신라의 영향을 받은 그릇들이 가득 전시되어 있다. 앞에 서면 그 힘이 온전하게 느껴질 정도이다. 빠르게 도는 물레의 소리가 들리는 것 같고 그릇을 단단히 익히는 열기도 전해지는 듯하다. 신라의 굵은 기세는 도공의 허리 굽은 기력이 구웠다. 위력을 누가 내든, 그 힘을 몸으로 감당하는 뭇 세상의 바닥에서 순응하며 살아가던 평범한 사람들의 것이었다.

힘의 현실

신라가 외부 사회를 장악하는 데 쓴 제1의 권력은 당연히 무력이었을 테다. 이사금 시기부터 신라는 최첨단의 신소재인 철을 가공하고 다양에 목적에 맞춰 철기를 제작했다. 이사금 시기 종반에는 상등의 무기가 만들어졌다. 사용되던 무기들은 경주의 중심 지구에 조영된 대형 덧널무덤들 속에 부장되었다. 부장 양상에서 한 가지 눈에 띄는 현상은 중심 지구와 둘레의 여러 지구 사이에 매납 수준의 불평등이 심화되어간 점이다. 이는 나라 차원에서 사람 간의 정치적 권위 차이에 의해 경제적·군사적 권익이 차등적으로 배분된 결과일 것이다. 그러한 차등의 정점에 중심 지구의 대표자, 곧 마립간이 있었다.

마립간은 이전 시기의 생산력을 토대로, 일련의 철기 생산체계를 관영하는 권력을 적절히 구사했다. 당시 신라에서 가장 시급히 달성해야 할 생산 목표는 나라 안으로 생산에 쓸 농구와 개발에 쓸 공구, 대결에 쓸 무기를 안정적으로 공급하고 다른 지역보다 튼튼하게 완성하는 일이었다. 앞서 황성동에 조성된 철기 복합생산단지는 철기 제작 기술의 발전과 도구의 개량, 종류의 확대 등에 큰 보탬이 되었고, 사회 여러 부문의 변동을 추동했다. 무기를 매개로 한 신라의 영향력은 경산 등 경주와 인접한 몇몇 지역부터 닿기 시작해 그 밖으로 확대되었다.

신라실 1906번 진열장 속의 칼과 창 다수, 도끼들은 이 같은 추정을 뒷받침한다. 무기의 분포로 볼 때, 신라 중심의 무기 체계가 갖추어진 때는 3세기 중·후반경이다. 이전까지 영남지방 일대의 여러 지역사회는 철제 무기의 유형을 공유했다. 그러다가 이 시기에 이르러 무기류의 강한 동질성이 깨지고 경주를 중핵으로 특정한 지역성이 형성되기 시작했다. 4세기 중반에는 고구려의 무기 체계가 신라의 체계와 잇닿으면서 또 한 번의 변화가 일어난다. 변화의 효과는 마립간의 군령권과 신라의 군사력 강화로 이어진 듯하다.

증강된 군사력은 신라가 주변 지역을 공략하거나 그들의 위협을 방어할 때 가장 효과적인 힘이 되었다. 특히 이 힘은 각 지역에 본격적으로 주나 군 등의 통치 단위를 설정하기에 앞서, 주변 지역에 대한 지배 강도를 높여가며 연속으로 성들을 쌓아 관리하고 관리자를 파견하는 데 실질적인 동력으로 기능했던 것 같다.

무기 이상의 무장은 특별한 사람들의 장비였다. 무기를 든 사람들과 무장까지 갖춘 사람은 처지가 서로 달랐다. 싸웠던 사람들과 무기의 나무 자루, 무장의 가죽끈은 모두 삭았고, 이렇게 가장 단단한 철기만 간신히 남았다. 사람들은, 특히 무기만 휘둘렀던 그들은, 어지러운 시국이라 타고난 수명을 지키기가 어려웠을 것이다. 대다수는 베이고 찔린 몸을 전장에 두고 와야 했기에 그들을 위한 무덤이 매우 드물다 싶다. 사람을 삼키는 전투, 그 전투들을 삼키는 전쟁 앞에서는 편히 누워 쉴 무덤이 없었을 듯하다.

경주를 벗어난 대결일 경우 신라는 현실적으로 수의 열세를 감당할 수밖에 없다. 그렇다면 공격만큼이나 방어도 긴요해지고 대결의 속도 또한 중요할 것이다. 이럴 때 말은 꽤 유용한 존재이다. 속도와 기동에서 사람의 능력을 가볍게 초월하는 말은 그 자체로 고대사회에서 권력과 재력을 상징하는 존재였다.

사람과 말을 함께 지켰던 수단들은 때때로 발굴되는 편이다. 2009년 경주 쪽샘 유적의 C10호 덧널무덤에서는 사람과 말의 갑옷 한 벌이 온전한 상태로 출토되었다. 이와 더불어 황남동 109호 무덤 3·4곽과 계림로 1호 무덤에서 나온 말 갑옷 등을 통해 신라에서 활약했던 중장기병의 흔적을 만나게 된다. 말을 제대로 부리기 위해서는 승용 마구들이 꼭 필요하다. 1906번 진열장의 재갈과 발걸이가 바로 그런 류의 도구이다. 이 도구들은 사람이 말을 제어하면서 뜻하는 대로 움직이도록 돕는다. 특히 발걸이 덕분에 사람은 고삐에서 손을 놓을 수도 있어서 이를 이용하여 몸을 지탱한다면 동작의 기동성을 크게 높일 수 있다.

여러 가지 마구에서 드러나는 기술력은 주변 지역을 공략했던 신라의 군사력을 보여준다. 아울러 이를 통해 마립간이 행사했던 군령권을 떠올리게 해준다. 이런 힘들을 토대로 마립간 시기 동안 신라는 지역 관계망 속의 주요 거점들을 귀속시키면서 보다 강고한 차원의 경쟁, 즉 삼국 사이의 대결 구도에 본격적으로 진입한다. 사방의 공간을 망라하던 503년에 이르러, 나라의 이름은 '신라'로 확정되었고, 마립간의 위호도 나라의 격에 맞춰 '왕'으로 고쳐졌다.* 505년에는 나라의 공간이 주州와 군郡 등으로 분할되었다.**

이렇게 신라 중앙은 수백 년간 주변 지역을 끌어모아 구축한 지방을 행정적으로 통치할 수 있는 기반을 마련했다. 그래도 아직 경계는 여물지 않았고 사람과 땅의 군사적 긴장이 팽배했던 것 같다. 그해 신설한 실직주悉直州의 지방관으로 이사부異斯夫를 '군軍'주主로 삼아 보낸 사실을 보면 말이다. 물론 신라 중앙의 고집과 의심도 한몫했겠다.

중심에서 중앙으로, 주변에서 지방으로

6세기에 접어들어서도 신라, 특히 경주 지배층의 관점에서 생존의 안팎, 그러니까 사람과 사람, 공간과 공간의 상호관계에 있어 '우리'의 폭은 제법 좁았다. 〈포항 냉수리 신라비〉(503)와 〈울진 봉평리 신라비〉(524)의 비문을 보면, 그들은 신라가 이미 정복, 복속시킨 지역에서 일어난 문제를 처리하고 사안의 경과와 판결을 기록하는 비에 경주 중심의 나라 이름 '사라斯羅'·'신라 육부'를 따로 표방했다. 나라 안의 주·군 등을 지정하는 지방 제도가 시행된

* 《삼국사기》 권4, 신라본기 4, 지증 마립간 4년.
** 《삼국사기》 권4, 신라본기 4, 지증 마립간 6년.

[그림 34] 〈포항 냉수리 신라비〉의 '사라斯羅'
비에는 503년 경주의 주변 지역에서 발생한 민간의 분쟁에
신라의 최상위 지배층이 개입하여 선대의 판정을 기준 삼아 함께 재론해서
결과를 교시했던 내용이 기재되어 있다. '사라'는 당대 냉수리의 주민들을 향해
판결 주체의 정체와 결정의 무게를 명시하는 표현이었다.
ⓒ 옥재원

후임에도 경주의 그들은 자기 이하의 사람들과 외부 지역에 대해 제법 배타적이었다.

지배층의 이러한 인식은 상당히 오랫동안 굳어져온 것이었다. 세상이 확대되고 국왕의 권력이 강해져간 시기였다. 신라에서 금 공 위세품의 상징적인 효용이 쓸모를 잃은 데다, 그것을 활용하면서 포섭하고 대우해야 할 지역의 전통적 지배층이 제법 해체된 상황이었다. 이런 점에서 경주 지배층의 배타적 인식은 주변 지역을 향한 긴장감 때문이 아니라 오랜 시간 지속된 인식의 결과로 보인다. 물론 경주의 지배층으로서는 현실적으로 과거에 비해 분할 받는 이권이 줄어들고 권위도 낮아지며 권력과 권한까지 좁아지는 상황에 위기감을 느꼈을 테다. 이에 자신들의 이권을 줄어들게 만들지도 모를 경주의 바깥과 그 주민들을 포용하지 못하는 방향으로 배타적인 인식이 강화된 면도 있었을 것이다.

행정 제도를 기반으로 삼는 집권체제가 정비되어 영역 전반을 고루 통치하게 되는 데는 6세기의 전반이 소요되었다. 이 시기 동안 신라 중앙은 사람에 대해서는 지방의 고유한 혈연 계승 원리와 지배질서를 완연하게 해체·흡수하면서 신분제와 관등제를 정립했고, 공간에 대해서는 각지의 중심지와 전략적 요충지를 조정, 구획하며 주군제를 시행했다. 계속 관직·관부·행정 단위 등을 설치·증치하면서 관료 및 행정 조직을 보완해나갔다. 520년 반포된 율령[*]은 광역의 영역 내 사람과 공간 전반을 체계적으로 관할할 수 있는 정부의 구성에 주요 기반이 되었다.

제도와 규칙을 매개로 나라를 총괄할 수 있는 통치체제가 세워졌다. 연이어 지방 통치에 유효한 지위와 조직이 갖춰졌다. 신라의 단단한 군사력은 지방 통치 조직 형성의 든든한 토대가 되었다. 512년에 지증왕은 이사부를 하슬라주何瑟羅州 군주軍主로 삼았고, 이사부는 우산국于山國을 항복시켰다.^{**} 516년 법흥왕은 병부령兵部令을 처음 두었고,^{***} 이듬해 병부를 처음으로 설치했다.^{****} 군사 조직과 인력을 매개로 지방 통치를 강화해나가던 단계에 그 전반을 관할할 수 있는 자리와 조직을 만든 일은, 보다 치밀한 통치 방안으로 연결되었을 것이다.

523년 중앙의 군단과 함께 상주上州와 한산漢山 등 각지의 주에 배치된 다수의 정停에, 고위 무관을 보좌하는 감사지監舍知 19명이 임명되었다.^{*****} 525년에는 대아찬大阿飡 이등伊登이 사벌주沙伐州 군주로 임명되었다.^{******} 531년 이찬 철부哲夫가 처음 설치된 상대등

---

* 《삼국사기》 권4, 신라본기 4, 법흥왕 7년.

** 《삼국사기》 권44, 열전 4, 이사부.

*** 《삼국사기》 권38, 잡지雜志 7, 직관職官 상 병부兵部.

**** 《삼국사기》 권4, 신라본기 4, 법흥왕 4년.

***** 《삼국사기》 권40, 잡지 9, 직관 하 무관.

****** 《삼국사기》 권4, 신라본기 4, 법흥왕 12년.

上大等을 맡아 나라의 일을 총괄했다.* 《삼국사기》를 쓴 고려의 사관들은 상대등의 지위를 자기 나라의 재상에 견주었다.

행정 단위를 설치하거나 증치한 사례들도 여럿이다. 514년 지증왕은 아시촌阿尸村에 소경小京을 설치했다.** 과거의 주변 지점을 신라의 행정 거점으로 전환한 것이다. 이는 마립간 시기 후반 삼년산성, 굴산성屈山城 등의 성을 쌓거나 고치기 위해 인근의 주민들을 일시적으로 옮겼던*** 조치와는 통치 강도에서 차원을 달리한다.

지증왕은 정월의 결정을 더욱 탄탄하게 다지기 위해, 7월에 곧장 남쪽 지방의 사람들과 외부 주민에게 아직 배타적이었을 경주의 육부 사람들까지 옮겨서 아시촌 소경을 채웠다.**** 세상을 떠나기 바로 직전의 대책이었다. 그만큼 지증왕은 지방 통치의 수준을 높이기 위해 전력을 다했던 것 같다. 그의 맏아들인 원종原宗은 법흥왕으로 즉위하기 전부터 아버지의 과업을 경험했던 터라, 선왕의 국정운영 기조를 잘 계승한 듯하다.

524년 법흥왕은 처음으로 군주를 설치하여 상주로 삼았다.***** 그런데 이사부의 사례에서 보듯 이미 군주가 설치되어 있었으므

---

* 《삼국사기》 권4, 신라본기 4, 법흥왕 18년.
** 《삼국사기》 권4, 신라본기 4, 지증 마립간 15년.
*** 《삼국사기》 권3, 신라본기 3, 소지 마립간 8년.
**** 《삼국사기》 권4, 신라본기 4, 지증 마립간 15년.
***** 《삼국사기》 권34, 잡지 3, 지리 1, 상주.

로, 이는 상주의 행정 단위 신설과 관계된 일일 것이다. 532년 금관국金官國의 구해왕仇亥王이 나라 사람들을 거느리고 와서 항복하자, 법흥왕은 그곳을 금관군金官郡으로 삼았다.[*] 아울러 재위 기간(514~540) 중에 대규모 병력을 동원하여 아시량국阿尸良國을 멸하고 그 땅을 군으로 삼기도 했다.[**] 538년 외관, 즉 지방관이 가족을 데리고 외지에 부임할 수 있도록 허락한 조치는 지방 통치의 안정화에 중요한 전기가 되었다.[***]

이처럼 6세기 전반은 처음 설치된 것들이 참으로 많은 시기로, 통치 체계는 조밀해졌고 그 기반도 단단해졌다. 마립간 시기의 토대가 탄탄했다. 촌간과 같은 존재들이 과거 자신의 지역에서 보유한 세력을 바탕으로 마립간에게 정치 현안의 해결 방안을 조언했던 시간이 저물었다. 이제 중앙 정부가 지역의 고유 권력 구도를 허물며 재편한 상황에서, 전통적인 신분이 아니라 역할로 선택된 출신지의 촌주村主들이 정부를 위해 종사했다.

[*] 《삼국사기》 권34, 잡지 3, 지리 1, 양주良州.
[**] 《삼국사기》 권34, 잡지 3, 지리 1, 강주.
[***] 《삼국사기》 권4, 신라본기 4, 법흥왕 25년.

5장 관련 주요 전시품과 정보

진열장 번호	소장품 명칭	전시 정보
1913	은 관꾸미개	− 경북 경산 조영동 ǀ 1988년 발굴 − 삼국시대(신라) 5세기
	은허리띠	− 경북 경산 조영동 ǀ 1988년 발굴 − 삼국시대(신라) 5세기
	고리자루큰칼	− 경북 경산 임당동 ǀ 1988년 발굴 − 삼국시대(신라) 5세기
	고리자루큰칼	− 출토지 모름 ǀ 1981년 이홍근 기증 − 삼국시대(신라) 5세기
	은팔찌(1쌍)	− 출토지 모름 − 삼국시대(신라) 5세기
	화살통 꾸미개	− 경북 경산 임당동 ǀ 1988년 발굴 − 삼국시대(신라) 5세기
1922	신라 토기 각종	− 굽다리 접시, 뚜껑, 항아리, 잔, 등잔 등

06
전시품에 쓰인 신라6세기

중앙의 무거운 원리

전근대 시기 대부분의 나라에서 사회 구성원의 상하관계와 지배 질서는 핵심 지배층이 자기중심의 원리와 기준을 세우고 그것을 상대적으로 열세한 사람들에게 차별적으로 적용하며 정착되는 듯 하다. 신라의 경우는 차별이 여느 사회보다 더욱 강했던 것 같다. 이러한 특징은 마립간 시기에 두드러진다. 금공 위세품의 부장 양 상이 그러한 특징을 확연히 보여준다. 대체로 금을 재료로 사용한 관·귀걸이·목걸이·허리띠 등 각종 위세품의 구성은 무덤의 규모 나 구조에 상응한다. 이는 경주의 지배층 사이에 금공 위세품을 누리는 수준을 가릴 만한 일정한 기준이 있었기 때문에 일어나는 현상일 테다. 지배자는 이 기준을 준수하며, 경주 바깥의 유력자

박물관에서 신라사를 생각하다 ──●

에게 그가 지닌 자리와 힘에 맞춰 금공 위세품을 하사했다.

6세기 들어 사람의 신분 서열을 가리는 골품제가 골과 품을 기준으로 신라의 사람들을 분별하고, 사람의 정치 위계를 정하는 관등제가 외위와 경위의 두 체계로 적용되는 것은 기존의 특징이 제도를 통해 보다 공고하게 정착되었음을 보여준다. 특히 지역사회 고유의 공동체를 체계적인 서열로 분해한 외위제外位制가 그것의 지속 기간과는 별개로 존재한 사실은 보다 넓은 범위의 사회 구성원에게 직접 작동한 차별을 설명한다.

이 원칙은 매우 깊게 뿌리내린 듯하다. 훗날의 일이지만 설계두薛罽頭는 신라 의관의 자손, 그러니까 귀족 가문 출신이었다. 그런데 골품의 족속은 아니어서 뛰어난 재주와 우뚝한 공이 있더라도 한계를 뛰어넘을 수가 없었다. 이러한 현실에 비관한 그는 621년 중국 당唐으로 몰래 들어가 목숨을 바쳐가며 큰 공을 세웠다.[*] 제도로 확고하게 사람과 공간을 통제하고, 심지어 배제까지 할 수 있게 된 상황이 되면서 각지의 전통적인 세력을 대우할 필요가 줄어들었다. 이 같은 분위기를 타고 금공 위세품의 쓸모도 사라져갔다.

세상이 크게 바뀌었지만, 제한적으로 몇몇 지역에서는 금공 위세품의 효력이 주민을 통해 한두 세대 정도까지 공유되었던 것 같

---

[*] 《삼국사기》 권47, 열전 7, 설계두.

다. 보통 조부모 대까지는 사람의 기억이 선명한 편이라, 역사와 전통을 공유하는 유대감이 강할 수 있다. 몇 가지 증거로, 중앙 정부가 새롭게 진출한 지역에서 과거의 사여 방식을 전략적으로 활용하거나 지역의 유력자가 방식을 답습해 형식적인 권위를 임의로 행사했던 모습을 본다.

안동 지동 2호 돌방무덤, 동해 추암동 가–21호 돌방무덤, 여주 매룡리 5호 돌방무덤, 파주 성동리 돌방무덤 등지에서 출토된 퇴화형 혹은 변형 금동관, 같은 역사적 맥락인 강릉 초당동 B–16호 돌덧널무덤과 단양 하리 유구에서 수습된 동관, 그리고 신라실 1924번 진열장 속에 든 출토지 불명의 금동관(이홍근 기증품)과 2층 기증실 4225번 진열장 안의 상주 출토품으로 전해지는 금동관(소장품 번호: 신수 14617) 등이 그 증거이다.

경주에서 금공 위세품의 위력이 막바지에 달한 때 조영된 보문동 합장 무덤의 돌무지덧널무덤에서 퇴행한 형태의 금동관 조각들이 발견되었는데, 신라실의 금동관이 그것과 서로 닮았다. 두 금동관 유물은 경주의 금동관과 관련이 있으되 전형적인 형태와는 거리가 있다. 그만큼 중앙 정부가 한때 공인했던 금공 위세품의 정치적 실효는 퇴색된 듯하다.

빛바랜 채로 진열장에 남은 금동관이지만, 장악하려는 신라 중앙과 지속하려는 지방 사이의 역동적인 관계를 형태로 드러낸다. 마립간 시기의 한창때, 경주 최상위 인물의 권위를 뒷받침한 금관, 지역 유력자의 권세를 수식한 금동관 등과 확연히 비교된다. 더는

[그림 35] 금동관

신라의 핵심 지배층이 관의 전형을 놓았을 때,
주변 곳곳의 변방에서 관의 변형을 붙들었다. 이때 즈음, 정치의 구체적인 제도가
권력의 추상적인 상징을 대신하여, 중앙에서 지방으로
점점 온 나라를 덮어가기 시작했다.

ⓒ 옥재원

금으로 치장하지 않고도 빛나고 있던 신라의 그늘에 들어선 듯 어둡다. 기증품으로서 적지 않게 지닌 사회적 가치 덕분에, 좁은 이곳에서 예사롭지 않은 역사의 장면들을 널리 견주어 보게 된다.

율조의 마련

893년(진성왕眞聖王 7) 무렵, 최치원崔致遠은 지증대사智證大師 도헌道憲을 기리기 위해 〈봉암사지증대사적조탑비명鳳巖寺智證大師寂照塔碑〉을 지었는데, 여기서 불교가 자리 잡은 때를 이르면서 '우리 법흥왕께서 율조律條를 지으신 지 8년째 되는 해'라고 표현했다. 이 율조는 《삼국사기》에 기술되어 있는, 520년에 법흥왕이 널리 알린 율령을 가리킬 것이다.

물론 당시 마련된 신라의 율령은 반포 시기부터 인접한 고구려나 백제보다 제법 늦었고, 형벌 '율律'과 행정 '령슈'의 형태로 율령의 기본 체계를 구성한 진晉, 이들을 보완하고 분절하는 '격格'과 '식式'의 체계를 강화한 수隋·당 등의 중국 왕조들과 비교할 만한 수준은 아니었을 것이다. 다만 신라가 그때 일정한 집권적 통치 규정을 갖춘 사실은 믿을 만하다. 처음으로 백관의 공복과 자색·주색의 차례를 정했다는,[*] 달리 말하면 육부 사람들의 복색 존비의 제도를 처음 정했다는[**] 내용이 구체적으로 상세하게 기록되었다는 점도 신뢰도를 높인다.

위의 색복조에서는 법흥왕 때의 제도로 태대각간太大角干부터 대아찬까지는 자색 옷, 아찬阿飡부터 급찬級飡까지는 비색 옷인데 모두 아홀을 들었고, 대나마大奈麻와 나마奈麻는 청색 옷, 대사大舍부터 선저지先沮知까지는 황색 옷이라고 자세히 전한다. 또 이찬과 잡찬迊飡은 비단 관, 파진찬波珍飡·대아찬과 금하衿荷는 비색 관을 쓰고 상당대나마上堂大奈麻와 적위대사赤位大舍는 갓끈을 매었다고 상세하게 알린다. 금·은·금동 세 가지 재질의 색깔로 사람의 높이만 표현했던 과거를 지나서, 이처럼 다양한 직물의 색깔로 사람의 높낮이를 하나하나 구분했다.

이런 얼개를 낳은 율령의 초기 규정은 적어도 평상의 사람을 정치적·신분적으로 분별하고 이와 직결되는 지위의 중요도를 시각적으로 표시하면서, 그 정도에 상응하는 직무를 부여하는 데 초점이 맞춰진 듯하다. 곧 관등제와 골품제가 율령의 반포를 통해 정착된 제도인 것이다. 이 지표를 기준으로 행정적 차원에서 중앙 관료와 귀족의 상하를 가르고, 지방과의 내외 처지를 구별했으며, 형법적 차원에서 규정을 위반한 지방의 주민들을 차별적

---

[*] 《삼국사기》 권4, 신라본기 4, 법흥왕 7년.
[**] 《삼국사기》 권33, 잡지 2, 색복色服.

[그림 36] 경주 황성동 무덤 남자 토용
신분 사회 내부, 비대칭의 사람 신분과 상호관계를 떠올려본다면,
토용을 만든 장인은 토용이 된 인물일 수 없을 것이다.
특히 번듯한 복장으로 보니 그렇다.
ⓒ 옥재원

으로 처벌했다.[*] 이 같은 율령의 체계는 경제적 차원에서 주민을 호적에 편제하고, 노소의 연령을 구분하거나 토지를 분급하는 기준으로까지 확대되면서[**] 점차 두터워져간 것 같다.

신라실 1924번 진열장 안에 서 있는 남자 흙 인형은 최초의 율령으로부터 한 세기를 넘긴 7세기 대에 만들어져 황성동 돌방무덤에 부장되었던 전시품이다. 하지만 직물로 지은 관모와 복장의 역사적 맥락은 관습의 임의를 넘어선 율령의 기능과 이어질 것이다. 관료들은 이 규정 안에 머무르면서 집권적 체제에 종사했다.

흙 인형은 자화상이었을까. 만약 그렇다면, 복장을 봤을 때 인형을 만든 사람은 그래도 생계나 처신의 고통을 덜 겪으며 살았겠다. 하지만 정황상 흙 인형은 누군가를 위해 만들어졌을 가능성이 크다. 아마도 그것을 만든 이는 그리 높지 않은 사회적 위치에서 하루를 고만고만하게 버텼지 싶다.

쪽지 속의 행정

그들은 행정 업무를 문서로 기재했다. 현존하는 실례로 볼 때, 한반도에서 붓과 지우개 칼 등의 필기구를 사용한 내력은 서기전 1

* 〈울진 봉평리 신라비〉(524).
** 〈단양 신라 적성비〉(6세기 중반).

세기 대의 창원 다호리 마을 사람들에게까지 거슬러 올라간다. 그런 점에서 문서의 생산 자체는 새로운 일이 아니다. 관심을 두려는 점은 기록을 담는 재료이다. 긴 세월을 지내며 공무에 사용한 종이의 양은 제법 늘었을 것이다. 하지만 종이는 유기물 가운데서도 아주 허약한 기질을 가진 재료이고 일본 고대의 칠지 문서처럼 옻칠 용기를 덮다 보니 튼튼히 남게 된 우연도 없어서, 6세기 대에 썼던 종이의 흔적조차 발견되지 않아 아쉽다.

그나마 먹으로 기록된 정보를 담은 나무 문서, 즉 목간이 다수 발견되고 있어 다행이다. 이는 1990년대 이휘로 꾸준히 발달한 유기물 발굴조사 역량과 자료의 과학적 분석 기술에 힘입은 바 크다. 시간이 먹의 흔적을 쉽게 삭제하여 정보가 흐릿하거나 희미해진 목간들이 다수이지만, 먹이 적외선을 흡수하면 더 선명하게 관찰되는 성질을 이용한 과학적 분석 기술 덕분에 정보의 복원에 큰 역할을 하고 있다.

목간에는 세금 수취, 신분 증명, 농지 개간, 생산 내역, 물품 표시, 창고 출납, 제의 행위, 학습 자료 등 다양한 정보가 담겨 있다. 작은 목간에 종이만큼 많은 내용을 수록하기가 어려워 단점이 뚜렷하지만, 달리 보면 종이보다 견고하고 쉽게 구할 수 있으며 사용도 편리하다. 그래서 종이와 나무는 서로 대비되는 서사 재료가 아니라 보완하는 재료로서, 어떻게 생각하면 사람이 애초부터 용도를 달리하여 선택한 수단이라고 볼 수도 있겠다.

상식적으로 쪽지의 크기가 작을수록 정보를 최대한 압축해서

[그림 37] 함안 성산산성에서 나온 나무 문서, 목간들
목간들은 지역과 지역, 사람과 사람, 정보와 정보,
물품과 물품을 문자로 잇는 도구로 기능했다.
신라 중앙과 지방을 아우르며 수립된 행정체제 안에서
체계적으로 오간 문서이다.
ⓒ 옥재원

쓰게 된다. 만약 필자와 독자가 다르다면, 압축된 정보를 해석하는 작업은 매우 난감할 수 있다. 동시대의 사람끼리는 서법과 문투를 공유하기 때문에 압축된 정보와 생략된 내용·의도까지 연상하는 게 어렵지 않지만, 먼 후대의 사람에게는 해석과 재현이 꽤 어렵기 마련이다.

이런 이유로 부여 쌍북리 유적에서 발견된 '구구단' 목간이나 김해 봉황동 유적에서 출토된 '논어 공야장' 구절 목간처럼 정보가 명쾌한 몇몇을 제외하면, 논의가 분분한 목간들이 대다수이다. 수량과 수준에서 국내 목간 조사와 연구를 대표하는 함안 성산산성 출토 목간들도 신라의 지방 운영 방식과 연관된 목간의 작성 목적, 정보 기재 형식, 지명 비정 등에서 약간의 이견들이 있다. 하지만 다양한 주장은 목간 연구의 활성화에 기여하기도 했다. 아주 작은 나무 조각을 단서로 매우 큰 역사를 상상하는 힘이 새로운 목간의 발견과 아득한 역사의 규명을 이끌고 있다.

전시실 1927번 진열장에 배열된 함안 성산산성 출토 목간들은 비록 복제품이지만 신라 중앙 정부가 지방 곳곳의 인력과 물자를 일부 지역으로 원활하게 동원하여 나라의 공간 전반을 효율적으로 운영해나간 모습을 압축적으로 담고 있다. 먼저 물자의 생산지나 집산지 혹은 경유지를 가리키는 '감문성甘文城', '구리벌仇利伐', '본파本波', '고타古陁', '추문鄒文', '급벌성及伐城', '물사벌勿思伐', '매약촌買若村' 등의 지명이 정보의 머리를 차지하고 있다. 특정 사안에 한정되지만, 중앙 정부가 행정력을 바탕으로 영남 내륙 중 일정 권역의 각지를 연결해서 지방 통치에 소요되는 요소들을 유통하는 장면을 확인할 수 있다. 아울러 정부가 지방의 민토, 즉 주민과 공간의 전반을 다스릴 때 효율적인 통치를 위해 기초 형식으로 삼고 있던 '성', '촌' 등의 단위도 명시되어 있어, 지방 제도의 실례도 추가하게 된다.

정보 가운데 사람의 이름이 등장하는데, 무척 반갑다. 본파 대촌의 '모리지毛利支'와 고타 이골리촌伊骨利村의 '아나중지阿那衆智', '복리고지卜利古支' 등은 신라를 짊어지고 살다 갔지만 삶의 흔적이 까마득한 대다수의 사람 중 목간 위로 걸어 나온, 중앙 정부의 대규모 물자 이동 기획을 몸소 이행한 이들이다. 제한적인 정보라도, 실제로 신라 땅에서 모년 모월 모일에 사람과 물자가 일련의 공정에 따라 먼 길을 건넌 이야기가 이렇게 복구된다. 과거에 다양한 정보를 장기적으로 관리하고자 했던 사람들의 합리적인 선택 덕분에, 아직 땅속에서 시간을 견디고 있는 목간들이 머지않아 줄지어 세상에 나올 것이다. 목간의 발견과 신중한 해독이 담은 소중한 의의이다.

사람들은 사회 규모가 과거보다 크게 확장된 나라에서, 정보가 먼 곳까지 안전하게 전송되어야 하는 조건을 감안하여 내구성이 강한 서사 재료를 선택했다. 목간 작성자의 개인적인 버릇이라기보다는 정보 작성지의 관행 혹은 일시적 방식에서 비롯되었을 듯하다. 성산산성에서 출토된 목간들은 저마다 정보의 내역을 배열하는 방식, 예컨대 지명과 인명, 물품명과 수량 등을 기재하는 순서가 조금씩 다르다. 기본은 지명+인명+(물품명)+(수량)의 형식이다. 아나중지와 복리고지가 등장하는 목간의 경우 앞면에는 지명인 고타(경북 안동)의 이골리촌에 두 인명이 붙고 뒷면에는 물품명이 쓰여 있다. 비교적 기본 수순에 따른 목간이다. 반면 모리지가 적힌 목간은 앞면에 지명 감문성(경북 김천)이 먼저 나오고, 그다음 물품명이 이어지며, 촌명 본파대촌과 인명 모리지가 뒤따르고, 뒷면에는 물품의 수량이 기재되어 있다.

목간을 작성하게 된 당초의 목적이 있을 것이라 정보의 기본 성격은 다를 게 없다. 하지만 이렇게 작성 형식에 차이가 있는 목간들을 보면 고집 있는 지방의 방언이 떠오른다. 중앙에서 집권 체제가 갖추어지고 율령을 통한 지방 행정이 자리 잡아가는 가운데서도, 나라의 규정과 규격이 획일적으로 적용되지 않았던 지방 사회의 면면을 성산산성의 목간으로 상상해본다. 신라에서 그 국왕이, 또 중앙의 정부가, 나라 안의 모든 권력을 전제한 적은 없었다고 생각된다. 각지에서 생산된 목간들의 개성이 그 근거이다.

신라 사람이 아니라 그들이 쓴 문자에 꼭 맞아떨어지는 의미와 의중을 알아채기가 어렵다. 그래서 현재에 아직 없는 과거를 증언해줄 다음 목간을 절실하게 기다린다.

짧은 굽다리의 암시

6세기 들어 신라 중앙 정부는 관료 제도와 지방 제도를 축으로 집권체제를 정비해갔다. 이 과정에서 도사와 촌주, 중앙 출신의 지방관과 현지 출신의 유력자는 정부가 주·군 등을 관할하여 체제를 안정화하는 데 실질적인 역할을 했다.

이전부터 존재했겠지만 기록상 도사는 〈포항 중성리 신라비〉(501)부터, 촌주는 〈포항 냉수리 신라비〉(503)부터 기재되기 시작하여, 중앙 정부와 지방사회가 서로 연관되는 각종 현안을 수록한 6세기 대의 여러 비와 목간들에 줄곧 등장한다. 그만큼 이 시간대 동안 중앙 정부는 제도를 매개로 영토 내에 점진적으로 집권체제를 정착시켜나갔고, 지방의 토지와 주민은 정부의 관리를 보다 세밀하게 받게 되었다. 전시실에서 이러한 실상을 보여주는 증거들이 목간에 이어서 펼쳐진다. 바로 그릇들이다.

과거에는 토기에 '×', '+', '∧', '///', '卄' 등의 기호가 더러 표시되기도 했다. 이들 기호는 제작소·제작자 또는 수요처·수요자 등의 제작과 관련된 흔적일 것이다. 그런데 전시실에서 보듯, 6세기 대의 그릇들에는 '본本', '부夫', '생生'과 같은 글자라든가 '대간大干', 'ㅁㅁ약회거향若廻去向'처럼 기호보다 명확한 문자나 문구가 자리를 차지하기도 했다. 이는 문서 행정이 발달하던 현실과 무관하지 않은 변화로 보인다.

그릇의 유행에서 특히 주목되는 두 가지 특징이 있다. '짧은 다

[그림 38] 한강 유역에서 나온 짧은 굽다리 접시
순수비가 신라 국왕이 새로운 개척지를 영토로 선언하며 꽂은 깃대라면,
토기 등 곳곳으로 퍼진 신라의 기물들은 나라 사람들이
널리 퍼져 정착하며 날린 깃발로 생각된다. 나라의 규모를 가늠할 때,
순수비만으로 거칠게 이어지는 선을 부드러운 면으로 보정하는 수단들이
바로 각지의 많은 무덤과 토기들이다.
이로써 당대 신라의 영역을 더욱 정밀하게 복원해나간다.
ⓒ 옥재원

리 굽다리접시'로 불릴 정도로 접시 굽다리의 길이가 짧아진 점, 이 접시와 겹아가리가 달린 긴 목 항아리가 그릇의 구성에서 거의 전부일 정도로 종류가 크게 줄어든 점이다. 기종의 정리와 축소, 곧 규격화와 간략화는 눈에 띄는 특징이다. 또 이들은 대체로 돌무지덧널무덤을 대체하며 유행하기 시작한 돌방무덤에서 발견된다. 보문동 합장 무덤에서 그릇의 변화와 묘제의 변경, 이 예사롭지 않은 동향은 과거로부터 이어져온 사회 개혁의 분위기, 그러한 개혁의 빠른 전개가 반영된 산물일 것이다.

돌방무덤은 돌무지덧널무덤이 채웠던 경주의 중심을 떠나 외곽에 주로 지어졌다. 규모가 거대하고 구조가 복잡한 과거의 무덤에 비해 작고 단순해졌다. 열린 구조라 도굴된 물품이 상당할 것이라는 점을 감안해야겠지만, 대체로 부장하는 수량과 수준이 간소하여 장례 관행이 박장 관습으로 돌아선 것 같다. 또한 열린 시설이라 여러 사람과 선후 세대의 추가 안치가 가능했다. 여러 모로 경제적이다. 이런 현상은 5세기 후반의 방향을 이어 6세기 전반에 고조된 사회 분위기로부터 비롯된 것이다.

돌무지덧널무덤의 구조와 규모, 부장 양상은 마립간 시기 후반부터 줄어들었다. 이 흐름은 마립간이 신장된 권력을 써서 무덤을 포함해 사회 전반을 조정·규제한 데 따른 결과로 보인다. 이 같은 움직임은 인력과 재화의 동원을 줄여 사회운영 비용을 절감하는 데 유리했을 테다. 절감된 비용은 6세기 전반 집권체제를 정비하는 개혁을 경제적으로 뒷받침했을 것이다. 지방관을 보낸 영토의 각지에 들어선 신라의 돌방무덤과 곳곳으로 내보낸 그릇 속에는 이 같은 시대상이 담겨 있다.

덧붙여 뭉쳐서 넓은 묘역을 형성했던 김씨 집단의 돌무지덧널무덤들에 비해, 단독 혹은 세대가 가까웠을 관계의 무덤 몇 기가 여기저기에 흩어져 자리를 잡은 돌방무덤의 경우를 생각한다. '족族'의 해체 그리고 '가家'의 강조, 이 역시도 소속 집단과 거리를 두고 선 국왕의 입지를 보여주는 증거가 아닐까 싶다. 6세기 전반 국왕들은 왕비를 혈족 집단 내에서 선택했던 혹은 선택당했던 마립간들과 달리 집단 밖의 박씨 왕비와 혼인했다.

전시실에서 6세기 전반의 그릇들을 대할 때마다 여러 점을 한데 묶어 보면서, 종류와 모양, 문양 등에서 나타나는 통일성을 떠올린다. 심지어 굽다리접시의 크기가 줄어든 만큼 그릇 하나를 짓는 데 예전보다 흙을 덜 쓰고 힘도 덜 들었겠다는 상상까지 해본다. 이 그릇들은 체제와 국왕의 힘이 개혁을 거치며 사회 곳곳에 섬세하게 미친 결과물일 것이다. 과거의 한때에 대해 든 의문이 조금은 옅어지는 듯하다.

새로운 믿음이 아우른 사람과 공간

신라실 네 번째 방에서는 왕경의 정비와 불교의 공인이 6세기 전반의 사회 동향 위에서 하나의 서사로 이어진다. 기존 전통의 환기, 이렇게 정리해도 좋겠다. 528년 법흥왕은 불법을 처음 시행했다.[*] 당시 상황에서 불교는 사람의 믿음에 대한 업이라기보다 사회의 원칙에 관한 업의 성격이 짙었다. 그렇기에 국왕이 직접 나서서 불법을 시행한 것이다.

직전 해인 527년 이차돈異次頓은 그의 국왕이 염원하던 흥법을 위해 자신의 몸을 희생했다.[**] 군신은 불평했고 근신은 멸사했다. 이차돈의 죽음은 불법을 받아들이는 신라 사람들 가운데 특히 지배층이 극렬하게 반발했다는 추정을 가능하게 한다.

지배층을 구성한 여러 집단은 나름의 믿음을 구심점으로 구성원들을 결속해왔을 것이다. 그런데 국왕이 주도하여 집권체제를 정비하고 전통적인 지배질서를 재편해서 권력을 해체하는 상황이 닥쳤다. 이에 기성세력들로서는 고유한 기득권을 유지하기 위해 다방면으로 저항해야 할 필요가 있었다. 국왕은 이차돈을 희생시켜가면서까지 불법을 시행하여 신라 구성원들의 정서를 정치적·사상적으로 한데 묶으려 했다. 반면 지배층 집단들은 사람이 희생되더라도 불법을 가로막아 집단의 결속을 지키려고 했던 것 같다. 권력을 향한 양 진영의 첨예한 욕망이 이차돈을 현생에서 떠나보내게 했다. 이처럼 신라의 불교는 집착의 소멸을 구도하는 사상 본연의 가치와는 거리가 있는 정치적 의도 속에서 수

* 《삼국사기》 권4, 신라본기 4, 법흥왕 15년.
** 《삼국유사》 권3, 흥법興法 3, 원종흥법原宗興法 염촉멸신猒髑滅身.

용, 확산되기 시작했다. 불교 수용이 신라보다 앞섰던 고구려와 백제의 사정도 이와 다르지 않은 듯하다.

《삼국사기》법흥왕 15년의 기사에는 불법 시행 전 신라 불교의 전승 설화들이 수록되어 있다. 눌지 마립간 대(417~458) 고구려로부터 일선군一善郡으로 들어와 그곳 모례毛禮의 집에 거처를 마련하여 활동했던 묵호자墨胡子, 소지 마립간 대(479~500) 묵호자와 마찬가지로 신라에 이르러 모례의 집에 머물며 수행했던 아도阿道 화상의 이야기들이 그렇다. 묵호자가 왕녀의 병을 치료하고 또 승려가 내전에서 분향 수도*할 정도로, 불교는 불법 시행 이전부터 왕실의 신앙에 근접했던 듯하다. 그러나 이는 어디까지나 설화의 전승인 데다 실화이더라도 치유와 기복 활동에 치중했던, 일시적이자 제한적인 포교의 흔적에 불과하다.

이차돈의 순교를 계기로 불법이 시행되었어도《삼국사기》에서 법흥왕의 재위 기간(514~540)에 사찰이 건립되었다는 기록이 단 한 건도 나오지 않을 만큼, 불교의 정착은 더뎠다.《삼국유사》이차돈의 순교 기사에 수록된 기록을 끌어다 봐야 흥륜사의 건립 과정 하나를 간신히 찾을 수 있다. 흥륜사 건립 기록 가운데《국사》와 향전에 일컫기를, 527년에 그 터를 잡고서도 535년 천경림天鏡林이 벌채된 후에야 공사가 시작되었고, 544년(진흥왕 5)에 이르러

* 《삼국유사》권1, 기이 1, 사금갑射琴匣.

서야 마침내 절이 완성되었다고 한다.

흥륜사가 완성된 연대와 흥륜사를 건립한 사실은《삼국유사》와《삼국사기》모두에서 일치하고 있다. 그중《삼국사기》의 부연 사실에 따르면, 국왕은 흥륜사가 2월에 완성된 뒤 곧장 다음 달에 사람들이 출가해 승려가 되어 불교를 받들어 위하는 일을 허락했다.[*] 절이 완공되기까지 제법 오래 시일이 걸린 것은 시행된 후에도 정착이 지극히 어려웠던 불교의 사정을 보여주는 듯하다.

결과로 보면, 신라의 불교가 사회 곳곳을 엮고 사람들의 믿음을 묶으며 삼국 간의 경쟁에서 정서적인 효과를 냈던 것은 분명하다. 다만 6세기 전반 동안에는 불교가 갓 정치의 권위로 진입하여 사회의 종교로 자리를 마련하기 시작하던 터여서, 사상적으로 사람들의 생사에 미친 영향은 크지 않아 보인다. 사람들이 윤회와 해탈 등의 불교 생사관에 대한 사유를 명확하게 인식하지 못했을 때였다. 그러니 사회 차원에서 불교 사상의 진리와 교리에 대한 사람들의 이해 수준이 높지 않았을 것이며, 사상의 실천적 수행 원리도 단조로웠을 것이다. 이에 사람의 생사 특히 죽음의 해소에 있어, 당시 유행했던 돌방무덤의 조영과 장례에 미친 영향은 미미했을 듯하다.

달리 주목되는 사실은 왕경의 발달과 궤를 함께한 사찰의 정치

---

[*]《삼국사기》권4, 신라본기 4, 진흥왕 5년.

[그림 39] 연꽃무늬 수막새

계절을 맞아 개화로 꽃의 핵심이 드러나고 향기가 세상으로 퍼진다.

활짝 핀 연꽃, 불교의 시행을 맞아 사상의 진리가 열리고 부처의 가르침이 세계에 미친다.

별처럼 늘어난 신라의 절들 지붕마다 진리의 수막새들이 가득 폈다.

ⓒ 옥재원

적·공간적 기능이다. 흥륜사·황룡사 등이 본격적으로 세워지면서, 사찰은 궁궐·관청·시장과 함께 수도의 주요 공간 요소이자 좌표로 기능했다. 549년 진흥왕은 중국 양梁의 사신과 입학승入學僧 각덕覺德이 부처의 사리를 지니고 들어오자, 관료들에게 흥륜사의 앞길에서 받들어 맞도록 지시했다.[*] 흥륜사가 사신을 맞이할 정도의 큰길을 끼고 들어섰던 것이다.

발굴조사 성과로 보면, 왕경의 도심 도로는 남북과 동서로 질서정연하게 격자를 이루며 단계적으로 구축되었다. 6세기 초부터 지어진 도로들이 지금의 땅 아래, 예전의 높이에서 나왔다. 거슬러 올라가면, 땅을 가르고 도로를 놓는 작업은 469년 자비 마립간이 방과 리의 이름을 정한 조치, 481년 소지 마립간이 사방에 우역을 설치하고 관도를 수리한 조치 등과 이어질 것이다. 나라의 집권체제가 율령과 제도로 영역 전체를 하나로 통치하는 세상에서, 도로는 각 지방의 사람과 물자를 폭넓게 연결했다. 도로를 끼고 곧게 구획된 대지 위에 들어선 관청과 시장은 도로를 따라 오가는 사람과 물자를 관리했다. 절은 낮은 대지 곳곳에 높게 세워져, 나라의 사람들을 하나의 정서로 묶었다. 이렇게 도심에서 불국토가 형성되어갔다.

마립간 시기 특정 집단의 권위를 표상하기 위해 한곳에 모여

---

[*] 《삼국사기》 권4, 신라본기 4, 진흥왕 10년.

쌓이던 돌무지덧널무덤이 더는 조영되지 않았다. 그 대신 돌방무덤이 여기저기에 자리를 잡았다. 특정 계층의 해체와 관계 깊은 이 변화 위에서 국왕들과 핵심 집단은 권위를 무덤에서 절로 옮겼다. 불교식 왕명을 쓰고 불교의 개념으로 아들의 이름까지 명명했다. 이 같은 변화 속에서 사람들은 높은 무덤을 지으며 가졌던 염려를 풀었으리라. 눈앞의 사찰을 두고 도로를 놓는 노역을 하다가, 도시를 짓는 사역을 하다가, 지친 그대로 부처님께 행복을 기도했겠다.

국왕 말씀이 나라 곳곳에

신라실 마지막 공간에 〈북한산 신라 진흥왕 순수비〉(6세기 중엽)가 서 있다. 복제본이 아닌 원형이다. 비록 본래의 자리를 떠났지만, 당대의 신라 그리고 그 국왕이 비를 세워 높이고자 했던 의미를 반영하듯, 한강 변의 이곳 박물관에 서 있다. 거대한 돌무지덧널무덤이 그랬던 것처럼, 권력이 세운 고정물은 높은 권위를 세상에 표방한다. 568년 즈음 진흥왕이 신라의 지방 사람들에게 각인하고자 했던 자신의 행보와 선언, 교화의 내용이 풍파에 많은 문장을 잃고도 의미 뚜렷한 구절로 남겨져 있다. 가까운 시기 같은 성격의 비가, 국왕이 순수하는 과정에서 세워졌다. 〈마운령 신라 진흥왕 순수비〉(568)와 〈황초령 신라 진흥왕 순수비〉(568)이다.

[그림 40] 〈북한산 신라 진흥왕 순수비〉의 '진흥태왕眞興太王'
'진흥태왕'은 지난 사라 육부六部의 지배층을 뛰어넘고 당시 신라의 귀족층을 넘어선 통치자의
크고 높은 권위를 여실히 나타내는 존명과 존호이다.
ⓒ 옥재원

문헌 사료에서 568년 전후로 진흥왕이 경주 밖을 나갔다고 전하는 기록으로는 555년의 기사가 가장 가깝다. 이해 10월에 북한산으로 순행하여 강역을 넓혀 정했다.[*] 568년 10월에 북한산주北漢山州를 폐하고 남천주南川州를 설치했으며, 비열홀주比列忽州를 폐하고 달홀주達忽州를 세웠다는 기사[**]가 있다. 세 비 덕분에 이 기사들을 의미심장하게 읽을 수 있게 된다. 이처럼 고대사 연구는 적지 않은 공백 때문에 난해하지만, 빈틈을 비껴 지나다가도 그 언저리에서 교차하는 시공간의 증거와 사람의 이야기를 천천히 읽고 논리적으로 상상하며 공백을 메우는 일이다.

6세기 들어 신라를 둘러싼 나라 간의 역학 구도가 서서히 변해 갔다. 신라의 공간이 한 시기 금공 위세품을 사여하며 지배했던 지점들을 면으로 아우르면서, 신라와 다른 나라와의 경계가 보다 선명해져갔다. 지증왕 대(500~514) 신라는 전대의 마립간들이 성을 쌓으며 지은 경계를 넘어, 멀게는 동해안으로 하슬라 이북까지, 서북으로 남한강 상류 부근까지 진출했고, 가깝게는 과거 금공 위세품으로 관계를 다졌던 영남 내륙 일대를 굳게 눌렀으며, 낙동강 유역의 여러 가야 사회와 거듭 각축했다. 백제와는 아직 협력관계를 유지했으며, 고구려와는 변경에서 연이어 충돌했다. 이 같은 추세를 이은 법흥왕은 관직·관부·행정 단위의 설치나 증

---

[*] 《삼국사기》 권4, 신라본기 4, 진흥왕 16년.
[**] 《삼국사기》 권4, 신라본기 4, 진흥왕 29년.

치로 각지에 대한 통치력을 더욱 발휘하면서 지방에 대한 통제력을 높여갔다.

그 가운데 가야 사회 일원을 장악한 성취가 눈에 띈다. 522년에 가야 국왕이 청혼하자 법흥왕은 이찬 비조부比助夫의 누이를 보내 호응했고,* 524년에는 남쪽 변경의 개척 지역을 순수했는데 이때 가야 국왕이 와서 만났다.** 532년 법흥왕은 금관국을 귀속시켜 그 본국을 식읍으로 삼았다.*** 538년에 지방관이 가족을 데리고 부임하도록 허락한**** 조치는 동요가 가중되던 가야 사회를 포함하여 신라가 광역의 지방을 통치하는 데 큰 효과를 냈다.

6세기 전반 동안 신라 국왕이 이끈 지방 통치의 성취들은 진흥왕에게 승계되었다. 진흥왕은 재위 연간(540~576) 선대의 경계를 더욱 밀고 나아가 직접 땅을 밟고 현지 사람들을 만났으며, 백제와 옛 관계를 뒤엎고 고구려와 더 치열하게 다퉜다. 동해안에서 하슬라 이북을 지나 〈마운령 신라 진흥왕 순수비〉·〈황초령 신라 진흥왕 순수비〉를 세웠고, 서북에서 남한강 상류를 타고 한강에 들어 〈북한산 신라 진흥왕 순수비〉를 세웠다. 내륙에서는 별다른 소란이 없었으며, 남으로 가야 사회 기세를 눌러 〈창녕 신라 진흥

---

* 《삼국사기》 권4, 신라본기 4, 법흥왕 9년.
** 《삼국사기》 권4, 신라본기 4, 법흥왕 11년.
*** 《삼국사기》 권4, 신라본기 4, 법흥왕 19년.
**** 《삼국사기》 권4, 신라본기 4, 법흥왕 25년.

왕 척경비〉(561)를 세웠고, 그 땅 바로 북편 가야국의 전세를 꺾고 평정했다. 〈창녕 신라 진흥왕 척경비〉에는 사방으로 뻗어가던 국왕의 성취를 대행한 사방의 네 군주, 곧 비자벌군주比子伐軍主·한성군주漢城軍主·비리성군주碑利城軍主·감문군주甘文軍主가 등장한다. 영토만 넓힌 업적이 아니라, 내실을 채운 업적이었다.

"사방으로 경계를 넓혀, 민民·토土를 널리 얻으니……"(〈마운령 신라 진흥왕 순수비〉·〈황초령 신라 진흥왕 순수비〉)는 이 같은 진흥왕의 업적과 이를 둘러싼 정황을 상징하는 표현이다. 여기서 "널리 얻었다"는 영역 확장을 통해 '기존'의 사람과 토지를 넘어 지방 각지의 새로운 사람과 토지를 획득했다는 의미로 들린다. 이들 비속의 진흥태왕은 한반도 동남쪽 조그마한 공간에 머물러 있던 6세기 초 신라 지배층의 인식을 완연히 벗어나 있다. 열린 인식이 지방 사람들의 소속감을 고양했고, 그만큼 중앙의 원리가 넓은 영토 안에서 원활하게 실현되어간 듯하다.

신라 중앙의 원리가 영토 가운데서 구체적으로 적용되는 모습이 〈단양 신라 적성비〉에 보인다. 비문 중에는 토지 관리에 대한 전사법佃舍法, 지방 사람의 공적에 준한 포상안, 호적 등록에 관한 연령 등급 등이 기재되어 있다. 예컨대 적성赤城에서 적용된 전사법, 그 적성에서 의로운 일을 맡다 죽게 된 야이차也尒次의 가족에게 상을 내리는 조치, 정남과 정녀 연하의 '소녀'·'소자'·'자'·'녀' 구별 등의 내용은 율령의 시행과 동떨어질 수 없는 원칙들일 것이다.

앞서 545년에 진흥왕이 문사文士들을 '널리 모아'《국사國史》를 수찬했는데,[*] 수찬 인력에는 지방 출신의 문사도 포함되었을 것 같다. 조금 더 가정하자면, 진흥왕이 지방을 보다 안정적으로, 또 확고하게 통치하기 위해, 나라의 권위 높은 기록물을 작성할 때 각지의 전통·규칙·관습·인구·풍속·신앙·역사·음악 등 인문·의식 정보에 밝고 목간 등에 기록을 제대로 작성할 수 있는 사람들을 동원했을 법하다.

이사부가 건의하고 진흥왕이 수긍했던 수찬 명분은 '군신의 선악 기록'과 '포폄의 만대 게시'였다. 이는 중앙과 지방 가릴 것 없이 모든 신라 사람들이 준수해야 할 가치였다. 551년 진흥왕이 가야국 출신의 우륵于勒을 등용[**]한 까닭도, 국왕이 아우르는 영역의 범위에 걸맞도록 사람들의 의식을 동질화하기 위해서가 아닐까 싶다.

국왕이 내실을 다지고 영토를 넓히며 직접 순수하여 사람들의 삶을 위무한 결과, 신라의 지방 사람들은 나라를 위해 성심껏 종사했다. 순수비의 비문 한 구절을 빌리면, 그들은 충성과 신의와 정성을 쏟았고 뛰어난 재주로 재난의 징조를 살폈다. 또 적에게 용감했고 싸움에 강했으며 나라를 위해 충절을 다했다. 중앙 정부는 이 같은 공훈을 올린 사람을 우대하여 외위와 물품을 더해

---

[*]《삼국사기》권4, 신라본기 4, 진흥왕 6년.
[**]《삼국사기》권4, 신라본기 4, 진흥왕 12년.

표창했다.

6세기 중반의 신라 순수비를 읽으며, 훨씬 단단히 뭉친 당대의 사람들을 떠올린다. 이때의 일체감은 집권체제 위의 중앙 정부가 율령과 행정 제도로 영역 전반을 통치하고, 영외의 고구려·백제와 공방하여 우위를 차지하는 데 유리한 기반이 되었을 것이다. 밖으로 대적하는 긴박한 상황에서, 사람은 이성의 한계를 넘는 충성심과 애국심을 발휘하기도 한다. 훗날 7세기 대 신라가 이웃 나라들과 격전하는 도중에 목숨을 기꺼이 내놓았던 사람들이 있다. 찬덕讚德과 해론奚論 부자와 소나素那, 그리고 부과夫果·취도驟徒·핍실逼實 형제, 눌최訥催와 그의 이름 없는 종,[*] 또 단편의 흔적조차 건질 수 없는 희생자들 등의 마음가짐은 이전 세기에 형성된 심성이 당대의 과열된 상황을 입으며 보다 강인하게 성장한 것으로 생각된다. 이들의 삶을 기억하며 신라실을 나선다.

---

[*] 《삼국사기》 권47, 열전 7.

6장 관련 주요 전시품과 정보

진열장 번호	소장품 명칭	전시 정보
1924	남자 토용	− 경북 경주 황성동 | 1987년 발굴 − 삼국시대(신라) 7세기
	금동관	− 출토지 모름 | 1981년 이홍근 기증 − 삼국시대(신라) 6세기
	'주공지周公智'를 쓴 목간	− 경북 경주 월성 | 복제품 − 국립경주문화재연구소 소장 | 2017년 발굴 − 삼국시대(신라) 6세기
	'병오년丙午年'을 쓴 목간	− 경북 경주 월성 | 복제품 − 국립경주문화재연구소 소장 | 2017년 발굴 − 삼국시대(신라) 6세기
	제첨축(4점)	− 경남 함안 성산산성 | 복제품 − 국립가야문화재연구소 소장 | 2002년 발굴 − 삼국시대(신라) 6세기
1925	연꽃무늬 수막새	− 경북 경주 월성 | 1984년 발굴 − 삼국시대(신라) 6세기
	도지미	− 경북 경주 물천리 | 1997년 발굴 − 삼국시대(신라) 6세기
	굽다리편	− 경북 경주 물천리 | 1997년 발굴 − 삼국시대(신라) 6세기
	받침모루	− 경북 경주 화산리 | 2005년 발굴 − 삼국시대(신라) 6~7세기
	거푸집	− 경북 경주 동천동 | 1997년 발굴 − 삼국시대(신라) 6~7세기
	도가니	− 경북 경주 동천동 | 1999년 발굴 − 삼국시대(신라) 7세기
	명활산성비	− 경북 경주 월성 | 1976년 발굴 − 삼국시대(신라) 551년

1926	연꽃무늬 수막새	– 경북 경주 황룡사 ǀ 1976년 발굴 – 삼국시대(신라) 6세기
	연꽃무늬 수막새	– 경북 경주 흥륜사 ǀ 1998년 발굴 – 삼국시대(신라) 6세기
	연꽃무늬 수막새	– 경북 경주 분황사 ǀ 1990년 발굴 – 삼국시대(신라) 6세기
1927	'피稗'를 쓴 목간	– 경남 함안 성산산성 ǀ 복제품 – 국립가야문화재연구소 소장 ǀ 2002년 발굴 – 삼국시대(신라) 6세기
	'물사벌勿思伐'을 쓴 목간	– 경남 함안 성산산성 ǀ 복제품 – 국립가야문화재연구소 소장 ǀ 2002년 발굴 – 삼국시대(신라) 6세기
	'매약촌買若村'을 쓴 목간	– 경남 함안 성산산성 ǀ 복제품 – 국립가야문화재연구소 소장 ǀ 2002년 발굴 – 삼국시대(신라) 6세기
	'감문甘文'을 쓴 목간	– 경남 함안 성산산성 ǀ 복제품 – 국립가야문화재연구소 소장 ǀ 2002년 발굴 – 삼국시대(신라) 6세기
	'구리벌仇利伐'을 쓴 목간	– 경남 함안 성산산성 ǀ 복제품 – 국립가야문화재연구소 소장 ǀ 2002년 발굴 – 삼국시대(신라) 6세기
	'구벌仇伐'을 쓴 목간	– 경남 함안 성산산성 ǀ 복제품 – 국립가야문화재연구소 소장 ǀ 2002년 발굴 – 삼국시대(신라) 6세기
	'고타古陀'를 쓴 목간	– 경남 함안 성산산성 ǀ 복제품 – 국립가야문화재연구소 소장 ǀ 2002년 발굴 – 삼국시대(신라) 6세기
	'추문鄒文'을 쓴 목간	– 경남 함안 성산산성 ǀ 복제품 – 국립가야문화재연구소 소장 ǀ 2002년 발굴 – 삼국시대(신라) 6세기
	'급벌성及伐城'을 쓴 목간	– 경남 함안 성산산성 ǀ 복제품 – 국립가야문화재연구소 소장 ǀ 2002년 발굴 – 삼국시대(신라) 6세기

1928	'연수延壽'를 새긴 은합	– 경북 경주 서봉총 | 1926년 발굴 – 삼국시대(신라) 6세기	
	'□□약회거의향 若廻去意向'을 새긴 그릇 받침	– 경북 경주 월성 | 1984년 발굴 – 삼국시대(신라) 6세기	
	'묵서'를 새긴 굽다리 접시	– 출토지 모름 | 1996년 구입 – 삼국시대(신라) 6세기	
	'대간大干'을 새긴 굽다리 접시	– 경북 창녕 계성 | 1998년 발굴 – 삼국시대(신라) 6세기	
	'생生'자를 새긴 굽다리 접시	– 경북 양산 북정동 | 1990년 발굴 – 삼국시대(신라) 6세기	
	'부夫'자를 새긴 굽다리 접시	– 경북 상주 청리 | 1996년 발굴 – 삼국시대(신라) 6세기	
	'본本'자를 새긴 굽다리 접시	– 강원 동해 추암동 | 1992년 발굴 – 삼국시대(신라) 6세기	
	포항 냉수리 신라비	– 경북 포항 냉수리 | 국보 | 복제품 – 삼국시대(신라) 503년	
1929	뼈항아리	– 경북 경주 동천동 화장묘 | 1986년 발굴 – 삼국시대(신라) 7세기	
	굽다리 접시	– 경북 경주 동천동 화장묘 | 1986년 발굴 – 삼국시대(신라) 7세기	
	굽다리 바리	– 경북 경주 방내리 | 1968년 발굴 – 삼국시대(신라) 6세기	
	굽다리 긴 목 항아리	– 경북 경주 방내리 | 1968년 발굴 – 삼국시대(신라) 6세기	
	잔	– 경북 경주 방내리 | 1968년 발굴 – 삼국시대(신라) 6세기	
	굽다리 잔	– 경북 경주 방내리 | 1968년 발굴 – 삼국시대(신라) 6세기	
	굽다리 곧은 목 항아리	– 경북 경주 방내리 | 1968년 발굴 – 삼국시대(신라) 6세기	
	짧은 목 항아리	– 경북 경주 방내리 | 1968년 발굴 – 삼국시대(신라) 6세기	

1929	병	– 경북 경주 방내리 | 1968년 발굴 – 삼국시대(신라) 6세기
	합	– 경북 경주 | 1914년 입수 – 삼국시대(신라) 6~7세기
	합	– 경북 경주 | 1914년 입수 – 삼국시대(신라) 6~7세기
	항아리	– 출토지 모름 | 1913년 입수 – 삼국시대(신라) 6~7세기
	굽다리 곧은 목 항아리	– 경북 포항 학천리 | 1998년 발굴 – 삼국시대(신라) 6세기
1930	청동 자루솥	– 경북 경주 식리총 | 1924년 발굴 – 삼국시대(신라) 6세기
	청동 자루솥	– 경북 경주 호우총 | 1926년 발굴 – 삼국시대(신라) 6세기
	청동합	– 경북 경주 식리총 | 1924년 발굴 – 삼국시대(신라) 6세기
	청동합	– 경북 경주 황오동 | 1973년 발굴 – 삼국시대(신라) 6세기
	합	– 출토지 모름 | 1981년 입수 – 삼국시대(신라) 6세기
	합	– 경북 포항 냉수리 | 1990년 발굴 – 삼국시대(신라) 6세기
	합	– 경기 용인 보정동 | 2002년 발굴 – 삼국시대(신라) 6세기
노출	북한산 신라 진흥왕 순수비	– 서울 북한산 비봉 | 국보 – 삼국시대(신라) 진흥왕 16년(555)
1931	은 허리띠 꾸미개	– 경북 경주 황오동 | 1962년 발굴 – 삼국시대(신라) 6세기
	청동 허리띠 꾸미개	– 경북 구미 인의동 | 1996년 발굴 – 삼국시대(신라) 6~7세기
	청동 허리띠 꾸미개	– 경북 상주 청리 | 1996년 발굴 – 삼국시대(신라) 6세기

박물관에서 신라사를 생각하다 ──●

1931	청동 허리띠 꾸미개	– 경기 김포 신곡리·풍곡리 | 2009년 발굴 – 삼국시대(신라) 6~7세기
	청동 허리띠 꾸미개	– 경북 칠곡 영오리 | 1999년 발굴 – 삼국시대(신라) 6~7세기
	청동 허리띠 꾸미개	– 출토지 모름 | 2004년 김홍기 기증 – 삼국시대(신라) 6~7세기
	청동 허리띠 꾸미개	– 경북 상주 청리 | 1996년 발굴 – 삼국시대(신라) 6~7세기
1932	굽다리 접시	– 경기 안성 반제리 | 2004년 발굴 – 삼국시대(신라) 6세기
	굽다리 긴목 항아리	– 경기 파주 성동리 | 1991년 발굴 – 삼국시대(신라) 6세기
	짧은 목 항아리	– 경기 파주 성동리 | 1991년 발굴 – 삼국시대(신라) 6세기
	굽다리 접시	– 경기 파주 성동리 | 1991년 발굴 – 삼국시대(신라) 6세기
	굽다리 긴목 항아리	– 경기 용인 보정동 | 2003년 발굴 – 삼국시대(신라) 6세기
	굽다리 접시	– 경기 용인 보정동 | 2003년 발굴 – 삼국시대(신라) 6세기

신라실을 나서며

신라실 출구 건너편에 통일신라실이 있다. 큰 파고를 넘는 듯 신라실과 통일신라실의 사이가 멀다. '경천사지 10층 석탑'을 끼고 떨어져 자리해서인지 복도를 가로지를 때 시대를 초월하는 듯한 기분도 든다. 박물관은 이래서 특수하다. 사람이 역사 곳곳의 시공간에서 최선을 다해 이룬 사물들로 가득 차 있고, 관람객들은 이들을 보물로 여겨 담는다. 단번에 복선으로 사람을 휘감는, 여러 날의 시간과 여러 곳의 공간을 느낄 수 있다.

사회가 사람을 움직인 역사의 서사보다, 사람이 사회를 옮긴 역사의 서사에 관심이 더 간다. 현재 신라실의 출구 한곳에는 특별한 교구 하나가 놓여 있다. 시각장애 관람객을 위해 청각과 촉각으로 전시품을 경험할 수 있는 '새 모양 토기' 복제품이다. 모양이 새여서 그럴까. 하나의 공간을 벗어나는 자유, 사람의 한계를 뛰어넘는 자유를 상징하는 것 같기도 하다.

사람을 중심에 두는 박물관의 변화, 관람객을 계몽의 대상으로 삼았던 과거와 달리 오늘의 박물관은 역사가 놓쳤던 주인공들과 더불어 전시를 만들고 체험을 펼친다. 박물관의 이런 분위기 덕분에 신라실에서 또 그 바깥에서 자유롭게 지낸다. 전시의 역사 그대로보다, 관람하는 지금의 사람들과 관찰되는 역사의 사람들에게 관심을 쏟으며 전시품을 지난다. 역사를 감당하며 이야기를 손수 지은 그들이 박물관에서 더욱 소중하다고 생각해서다.

신라실에서 저 건너의 통일신라실을 보며 드는 불안감도 하나의 교훈이 된다. 사회를 묶긴 했으나 사람을 모으지 못했던 모습을 두고, 이곳에서는 과거와 현재의 사람들과 더 한층 열심히 어울려야겠다고 마음먹어본다. 신라실 대부분의 전시품이 마립간 시기 동안 고양된 권력의 빛깔을 드러낸다. 하지만 하나하나마다 사람을 놓치지 않으려 했다. 그들의 선택과 노고가 없었다면, 이 모든 사물은 자연 상태에 지나지 않았을 테다.

사물들을 직접 지은 그들의 욕망과 의지는 대단한 게 아니다. 그저 열심히 살며 무사히 견디다 요행히 천수를 누리는 정도였으리라. 그리 지내는 중에 긴급한 현실과 만나서는 자손이나마 더 넉넉하길 바라는 마음에 나라와 지배층을 위해 목숨을 바쳤으리라. 이런 생각을 바탕으로 관람객들을 대한다. 신라실의 주체들이다.

남아 있는 문헌 사료 속의 기록들은 주로 지배층의 존속과 그들이 이끈 사회의 운영을 기술한다. 시험의 성적과 등급을 결정하는 이야기들은 사회를 짊어졌던 사람들의 삶과 제법 떨어져 있다. 그래서 암기를 경계하며, 자기 주도적 사고로 박물관에서 전시품을 관찰하고 해석하면서, 자의식을 생산·축적하기를 바랐고 주문했다. 함께 꾸려가는 교육을 통해 거듭 공감하고 있다.

우월한 전체보다 명석한 개인이 이 사회를 점차 점유해, 자신의 빛을 내는 관을 만들어 쓰고 홀로선 비에 행적을 새기기 바란다. 그런 희망으로 신라실을 말했다. 모두가 이 사회와 역사, 그 세상의 박물관에서 빛나는 전시품으로 존재하기를 원한다.

• 쓰며 읽은 책들, 읽어보면 좋을 책들

《삼국사기》

《삼국유사》 임신본·파른본

《후한서》

《삼국지》

김재원, 《국립박물관 고적 조사 보고 제1책 1946년 발굴보고 호우총과 은령총》, 을유문화사, 1948.

문화공보부 문화재관리국, 《천마총 발굴조사보고서》, 1974.

문화재관리국 문화재연구소, 《황남대총 경주시 황남동 제98호 고분 북분 발굴조사보고서》, 1985.

국립경주박물관·경북대학교박물관·경주시, 《경주시 월성로 고분군─하수도 공사에 따른 수습발굴조사보고》, 1990.

최병현, 《신라 고분 연구》, 일지사, 1992.

문화재관리국 문화재연구소, 《황남대총 경주시 황남동 제98호 고분 남분 발굴조사보고서(본문)》, 1994.

주보돈, 《신라 지방통치체제의 정비과정과 촌락》, 신서원, 1998.

국립대구박물관, 《압독 사람들의 삶과 죽음》, 2000.

국립경주박물관, 《신라 황금》, 2001.

국립대구박물관, 《대구 오천 년》, 2001.

국립대구박물관, 《소문국에서 의성으로》, 2002.

국립대구박물관, 《영남 문물의 결절지 상주》, 2003.

국립대구박물관, 《영남의 큰 고을 성주》, 2004.

이한상, 《황금의 나라 신라》, 김영사, 2004.

국립대구박물관, 《영남 문화의 첫 관문, 김천》, 2005.

하일식, 《신라 집권 관료제 연구》, 혜안, 2006.

이희준, 《신라 고고학연구》, 사회평론, 2007.

국립춘천박물관, 《권력의 상징, 관》, 2008.

국립중앙박물관, 《신라 토우, 영원을 꿈꾸다》, 2009.

김용성, 《신라 왕도의 고총과 그 주변》, 학연문화사, 2009.

국립중앙박물관, 《황금의 나라 신라의 왕릉 황남대총》, 2010.

국립경주문화재연구소·경주시, 《경주 금관총 발굴조사보고서(국역)》, 2011.

국립경주박물관, 《경주 보문동 합장분─구 경주 보문리 부부총》, 2011.

국립중앙박물관, 《유리, 삼천 년의 이야기 지중해·서아시아의 고대 유리》, 2012.

국립춘천박물관, 《흙에서 깨어난 강원의 신라문화》, 2013.

국립경주박물관, 《천마, 다시 날다》, 2014.

국립중앙박물관, 《경주 서봉총 Ⅰ(유물편)》, 2014

국립중앙박물관, 《금관총과 이사지왕》, 2014.

중앙문화재연구원, 《신라 고고학개론 상》, 진인진, 2014.

중앙문화재연구원, 《신라 고고학개론 하》, 진인진, 2014.

국립중앙박물관, 《과학으로 풀어 보는 서봉총 금관》, 2015.

영남고고학회, 《영남의 고고학》, 사회평론, 2015.

경상북도, 《신라 천년의 역사와 문화 02 신라의 건국과 성장》, 2016.

경상북도, 《신라 천년의 역사와 문화 03 신라의 체제 정비와 영토 확장》, 2016.

국립경주박물관, 《경주 금관총(유물편)》, 2016.

국립중앙박물관, 《경주 금관총(유구편)》, 2016.

송호정·여호규·인기환·김창석·김종복, 《한국 고대사 1 — 고대 국가의 성립과 전개》, 푸른역사, 2016.

김재홍·박찬홍·전덕재·조경철, 《한국 고대사 2 — 사회 운영과 국가 지배》, 푸른역사, 2016.

국립경주문화재연구소, 《천마총, 발굴조사의 기록》, 2019.

국립중앙박물관, 《가야, 동아시아 교류와 네트워크의 중심지들》, 2019.

국립경주문화재연구소·국립경주박물관, 《말, 갑옷을 입다》, 2020.

국립중앙박물관, 《경주 서봉총 Ⅱ (재발굴 보고)》, 2020.

국립경주문화재연구소, 《황남대총 북분, 발굴조사의 기록》, 2021.

최병현, 《신라 6부의 고분 연구》, 사회평론아카데미, 2021.

이한상, 《신라의 성장 과정과 복식사여체제》, 서경문화사, 2022.

국립중앙박물관, 《영원한 여정, 특별한 동행 — 상형토기와 토우장식 토기》, 2023.

• 찾아보기

금요일엔 역사책 ❼

박물관에서 신라사를 생각하다

2023년 11월 22일 1판 1쇄 인쇄
2023년 11월 29일 1판 1쇄 발행

지은이	옥재원
기획	한국역사연구회
펴낸이	박혜숙
디자인	이보용
펴낸곳	도서출판 푸른역사
	우) 03044 서울시 종로구 자하문로8길 13
	전화: 02)720−8921(편집부) 02)720−8920(영업부)
	팩스: 02)720−9887
	전자우편: 2013history@naver.com
	등록: 1997년 2월 14일 제13−483호

ⓒ 옥재원, 2023
ISBN 979−11−5612−263−4 04900
        979−11−5612−252−4 04900(세트)

• 잘못 만들어진 책은 교환해드립니다.